RYTHMES ET RIRES

L'OUVREUSE DU CIRQUE D'ÉTÉ

Rythmes et Rires

PARIS

BIBLIOTHÈQUE DE LA PLUME

RYTHMES ET RIRES

6 octobre 92. — Comme tous les ans, c'est le Châtelet qui part le premier. Mais quel début mouvementé ! Si l'exactitude est la politesse des chefs d'orchestre, elle ne leur réussit pas toujours. Quelle alerte ! M. Colonne n'avait pas eu aussi chaud depuis sa dernière affaire, aux répétitions de *Saint-Saënson et Dalila*, avec l'âpre compositeur qui faisait mine de le prendre pour un Philistin. Deux heures seize sonnaient à peine que les altos, pressés de dépêcher leur *Damnation*, esquissaient un *la* initial plein de promesses (il n'y a que le premier *la* qui coûte), tandis que la foule des admirateurs de Berlioz, Reyer en tête, ne pouvant croire à pareille exactitude, déambulait dans les couloirs en se livrant à des conversations variées ; mais d'un éclat guerrier les trompettes se parent... Quoi ! les fils du Danube au combat se préparent ! Les cuivres de la marche hongroise retentissent jusque dans le foyer. La tourbe se rue, ou *ruunt*. Les inspecteurs sont débordés, les municipaux tournés, les ouvreuses enfoncées. Eperdu, Colonne aperçoit celle des envahisseurs franchissant tous les obstacles avec des vociférations qui n'ont plus rien d'humain : « Recommencez ! Tout ! Tout ! nous en voulons pour notre argent (*sic*) ! »

Et Colonne recommença, tout ! C'est le plus beau *bis* que j'aie entendu de ma vie. Aussi, lorsqu'après la marche, des insatiables, sous la conduite de Paul Hillemacher (qui ressemble décidément à Saint-Mégrin) en redemandèrent encore, Edouard eut la fermeté de leur répondre : « Pour une fois (« savez-vous » clame un écho malicieux), je vous demande la permission de résister à votre aimable insistance. »

Fournets chante maintenant Méphistophélès, après avoir, jadis, chanté Brander. C'est ce qu'on appelle monter en grade : on prétend que dimanche prochain il chantera Marguerite ; il s'y prépare en détachant ses *fa* avec une maëstria qui ravit la salle. Ayant partagé le succès avec Faust-Engel, il n'en a pas beaucoup laissé à l'honnête et trop peu vibrant Ballard, distrait au point de garder dans sa bouche le coton que d'autres se mettent dans les oreilles (je relis ma phrase : ce n'est pas le même coton).

L'helvète Marcella Pregi a augmenté de volume ; on n'en peut dire autant de sa voix. Elle a du reste obtenu son gentil succès habituel. Les chœurs, révérence parler, sont infects ; mal renseignés sur les rapports de l'Etat et de l'Eglise, ils confondent Pâques avec le Mardi-Gras, fête non concordataire ; ils braillent comme sur des chars.

*

Berlioz fait recette, ce qui ne laisse pas que d'étonner un grand nombre de mes amis. Il n'y a pas longtemps, l'un d'eux, wagnériste de poids à tous égards, s'apercevant que, lorsque *la Damnation de Faust* m'était contée, j'y prenais un plaisir extrême, eut ce mot d'ineffable commisération : « Le goût de Berlioz est une phase que nous avons tous traversée ; s'y obstiner pourtant deviendrait grave !... » On pourrait lui répondre que le dégoût momentané de Berlioz est une phase que tous également traversent, après la révélation de l'Œuvre intégrale, quasi parfaite, d'absolue maîtrise musicale et poétique. Mais s'y obstiner, quelle erreur ! et n'est-ce point la marque d'un petit esprit que le besoin de se proposer à tout bout de champ des antinomies niaises, de se récréer en des contradictions fictives, et se complaire en d'imbéciles options ?

Des critiques éminents et légers, très différents du wagnériste allusionné tout à l'heure, n'échappent point à cette manie, d'ailleurs innocente : tel M. Camille Bellaigue, qui enrubanne de délicieux satins la férule de Scudo,

amincie déjà par Blaze de Bury. Il nous le fit
bien voir, en jugeant ces *Troyens* si galamment
égorgés par le Directeur-Artiste, l'Editeur-
Pieux, le Vaillant-Chef-d'Orchestre et les Dé-
voués-Interprètes, Société en commandite pour
l'Extermination des Chefs-d'Œuvre. Les oppo-
sitions entre Wagner et Berlioz sont d'autant
plus faciles à notre sémillant confrère qu'il paraît médiocrement documenté sur l'un et sur
l'autre de ces Ennemis à Gounod — et c'est
bien sa faute, car il sait nous dire, quand il le
veut, des choses exquises, où le charme d'une
littérature élégante, spirituelle, aiguisée parfois
de petites méchancetés académiques, s'allie
fort agréablement à la finesse d'aperçus ingé-
nieux, à des vues très justes, souvent élevées.

Berlioz demeure un prodigieux-artiste, une
sorte de miracle de la nature, un génie d'exception, sur lequel il est permis de se méprendre —
Wagner lui-même a pu le mal juger — mais
qu'il est impossible de ne pas mettre hors pair,
parmi tous ceux dont s'enorgueillit l'école française. Jadis on reprochait à Berlioz sa « science », son « algèbre » musicale, l'abus du développement symphonique, la prédominance de
« l'harmonie » sur la « mélodie ». Aujourd'hui,
c'est le contraire qui nous apparaît évident.
L'auteur de *la Damnation de Faust* invente
mieux les mélodies qu'il ne les développe. C'est
l'éducation musicale scientifique qui lui fait

défaut ; c'est le style rigoureux qu'il ignore partiellement ; ce sont les formes déductives du contrepoint, qu'il n'a point suffisamment pratiquées. Berlioz est un maître, sans avoir été un élève ; il devine ce qu'il n'a point appris, il supplée la science par l'enthousiasme et par la volonté.

La richesse de l'intuition poétique, le sens du pittoresque, les trésors d'émotion qui gonflaient son cœur à le faire éclater, tout cela permit à Berlioz de dominer, de dompter la forme musicale, de lui faire violence, de par l'autorité de son désir. Il ne savait point éviter les obstacles ; il les brisa. Chez Wagner, les ressources du contrepoint trouvent leur emploi logique, progressif, symphoniquement gradué, depuis les figures d'accompagnement des thèmes isolés jusqu'à la superposition des motifs, entrelaçant leurs rhythmes, contrastant ou mariant leurs formes, leurs mouvements, leurs timbres avec une liberté puissante, avec la sérénité des phénomènes naturels ; tout le monde a présent à l'esprit, en cet ordre d'idées, le *Feuerzauber* de la *Walküre*, le finale de la *Gœtterdæmmerung*, la Traversée du Feu de *Siegfried*, et ce passage de l'ouverture des *Meistersinger* où trois motifs marchent simultanément. Chez Berlioz, nulle savante préparation, mais l'explosion d'une volonté soudaine, le poète d'effets contraignant le musicien à tenter le miracle, le forçant de réaliser, *per fas et nefas*, le prodige attendu. Ainsi de la scène étonnante : *Tristesse de Roméo. — Fête chez Capulet...* Jamais peut-être éléments plus disparates ne furent associés par un symphoniste ; l'impression d'une contradiction absolue, formelle et foncière, se dégage de cette rencontre des deux thèmes. Ici, aux bois et aux cordes, la chanson du bal, tournoyante, avec ses rhythmes à la fois enfiévrés et boiteux, ses gyrations d'orgie, ses bonds, ses hoquets, sa course vertigineuse, son ébriété folle, son déchaînement de joies sifflantes. Là, le chant de douleur de Roméo, naguère gémi par le haubois. à présent clamé par le trombone, comme un grand cri désespéré, et s'imposant une minute au tumulte de la fête. Les motifs superposés sont tellement étrangers l'un à l'autre, tellement contraires, privés de toute commune mesure, si je puis emprunter cette expression au vocabulaire mathématique, que l'on éprouve une sorte de stupeur ; on a le sentiment d'un imprévu et passager tour de force, le frisson d'un miracle presque absurde, que la force de l'émotion et l'opiniâtreté du vouloir ont seules rendu possible, et le motif que fait tonner le trombone sur la tempête de l'orchestre s'arrête bientôt : le coup frappé, l'éclair jeté, le génial délire du musicien abdique la tâche trop ardue, et comme effrayé de sa terrifiante victoire, s'attaque à de moins redoutables problèmes. Et il se trouve que cette contradiction des éléments mis en œuvre résume précisément la grande beauté poétique de la situation traitée : les vrais maîtres sont servis par leurs propres défauts ; nous devons peut-être aux imperfections techniques de Berlioz l'accent inégalé de ses créations musicales.

Observons d'ailleurs que Berlioz, à force de génie, a su trouver maintes fois ce qu'il ignorait, se forger, en collaboration avec le souvenir des maîtres qu'il aimait très particulièrement — Gluck, Spontini, Beethoven, Weber, — une langue musicale à son usage. Il s'est enseigné lui-même, développant ses qualités propres jusqu'à la virtuosité la plus étonnante au point qu'une œuvre comme *la Damnation de Faust* ou comme *l'Enfance du Christ* demeure hautement admirable, fût-ce au point de vue « métier », en ce qui touche la facture, et spécialement l'instrumentation. Au seul Wagner il fut donné d'aller plus loin. Chose curieuse à noter : tandis que nos jeunes compositeurs s'épuisent à railler les ignorances, les « incorrections » de Berlioz — il est vrai qu'un musicien du plus rare mérite, Vincent d'Indy, m'affirmait l'autre jour que la partition de *Tannhæuser* lui était extrêmement désagréable ! — Wagner n'avait pas assez d'éloges pour l' « habileté » de Berlioz. C'est un point sur lequel il ne tarit pas.

S'il lui arrive de contester au grand musicien français « le sens de l'art pur », le don de l'émotion humaine (thèse inexacte à bien des égards), la conception juste de la symphonie et du drame, le goût, la mesure, l'équilibre, le naturel dans l'effet, etc., il juge tout simplement merveilleux les résultats techniques obtenus par Berlioz. Mais ce n'est pas ici le lieu de nous arrêter davantage aux opinions de Wagner sur l'auteur de *la Damnation de Faust*. De telles opinions, pour être expliquées, pour être présentées sous un jour exact, avec leur vérité relative et leur inévitable exagération, demanderaient une étude très approfondie. Ce qui importe, c'est de mettre en garde nos jeunes gens contre le facile mépris de ce maître authentique, « cet altier génie » suivant la parole de Franz Liszt. Tous relèvent de lui, consciemment ou non ; mais ils ont beau sourire de ses œuvres, ils ne nous en ont pas donné encore la monnaie. A les convertir, du reste, nous ne réussirons certainement pas. Et puis, à quoi bon souhaiter que l'on joue *Benvenuto* ou que l'on maintienne *les Troyens* au répertoire ? L'expérience qui vient de finir nous en ôte jusqu'à l'envie... M. Colonne vient de faire réentendre au public *la Damnation de Faust*, avec un orchestre passable, de suffisants solistes, des chœurs pénibles ; il promet *l'Enfance du Christ*. C'est pour le mieux. Mottl, l'excellent capellmeister, un héros en l'art de diriger, un fervent de Wagner qui sait rendre justice à notre grand compositeur, et grâce auquel les *Troyens* de Carlsruhe nous ont vengés d'avance des *Troyens* selon l'Opéra-Comique, prépare, pieusement, un « cycle », une « semaine de Berlioz. » Voilà de quoi consoler les plus difficiles. Et maintenant, messeigneurs, à la *Walküre !*

23 octobre. — Enfin, enfin, voici la réouverture de nos concerts ; salut, Cirque chéri ! *Dich, theure Halle, grüss' ich wieder,* les auditeurs sont nombreux, les pourboires princiers, M. Lamoureux semble rajeuni de dix ans. Et, plus que jamais, il conduit avec netteté, vigueur, — ne pas lire rigueur, bien que l'ouverture du *Carnaval romain*, ainsi menée, fasse supposer la présence d'un certain nombre de masques... de fer.

L'*allegro non troppo* de la Symphonie en *ré*, de Brahms, et l'*adagio non troppo*, de la dite, ont été applaudis *non troppo*, ce gâteau viennois, de pure farine pourtant, ayant paru de digestion malaisée aux dyspepsies parisiennes ; mais, avec l'*allegretto grazioso*, la gaîté est revenue, et les plus tristes fronts, les plus souillés peut-être, se déridèrent soudain quand résonna le dernier morceau « spiritoso » et joyeux.

Entre les deux premières parties du Concerto
en *sol* de Beethoven, un vieux monsieur, pressé
de s'esbigner, manque une marche et se répand.
Immédiatement le public — plutôt jobard —
croit à un coup de sang, et mille cris montent
aux cieux : « De l'air ! de l'air ! » Résignée,
Mlle Kleeberg, brune dans sa robe blanche,
comme une mouche dans du lait, attend, ap-
puyée contre son Erard, mais les vociférations
ne cessent pas. Alors, oh ! alors, le Patron
brandit un archet sévère et clame : « Tous les
vasistas sont ouverts ! » C'était presque vrai, il
n'y en avait que 41 de fermés sur 48. « Nous
avons trop chaud », hurle une voix à l'extrême-
gauche. « Je ne peux pas changer la température, riposte M. Lamoureux, sans cela je le
ferais de tout mon cœur ». La foule, domptée,
acclame notre Bidel, et ensuite la pianiste, par
dessus le marché.

Sauf un tout petit accroc, du fait de l'ami
X... (soyons discrète), violoniste un peu pressé,
le pastoral et funèbre Prélude du dernier acte
de *Tristan* a été aux étoiles et Dorel a reçu
tant de bravos que le Patron a résolu de lui
faire jouer désormais son solo en costume de
berger : chapeau pointu, peau de bique, jam-
bières. Les abonnées n'ont qu'à bien tenir leur
cœur.

Au lieu d'écouter les *Scènes pittoresques* de
Mlle Massenet, un peu fanées décidément, je

pointe dans la salle : Paul Hillemacher au fin visaige, le caustique Georges Hue, Louis de Fourcaud, qui ressemble de moins en moins à son portrait (Gervex *pinxit*), l'outrancier Bruneau dont le Châtelet va jouer dans quinze jours une *Penthésilée*, écrite sur le belliqueux poème de Catulle Mendès, Pierné *senior*, l'éditeur Durand *junior*, et tout ce que Paris compte de plus scintillant dans la musique, la peinture, le violonisme, la chanson et le journalisme politiques, *id est* Serpette, Clairin, Reynier le long, Alcanter de Brahm et Blowitz le bouffi.

Ah ! diable, j'allais oublier de mentionner le *Chêne et le Roseau*, poème-symphonie-paysage-dialogue-drame-fable, de MM. Chevillard et Jean de la Fontaine...

Décembre 92. — *Le Cas Wagner* — *Der Fall Wagner* — vient de paraître, élégamment et consciencieusement traduit par MM. Daniel Halévy et Robert Dreyfus. Quelque antipathique puissent inspirer à une wagnérienne les théories de Nietzche, il y a lieu d'en dire quelques mots à cette place, en toute sincérité.

L'écrit de Nietzsche est caractéristique : il veut paraître railleur et profond tout ensemble, et il est seulement curieux et rageur. Rien ne

saurait indifférer, venant d'une intelligence aussi vive, aussi amère que le fut celle du philosophe ;
mais il est moral de voir que les ennemis d'un
maître sont diminués par la grandeur même de
celui qu'ils attaquent, et, en l'espèce, de constater qu'un Nietzsche peut descendre à l'étiage
d'un Paul Lindau.

Je ne m'arrêterai pas à discuter les affirma-
tions *concrètes* de Nietzsche sur la musique et le
drame de Wagner. On ne combat pas des erreurs matérielles, on les constate. Un exemple
suffira :

« Un acte entier sans voix de femme, ça ne
« va pas ! Mais, pour le moment, aucune des
« *héroïnes* n'est libre. Que fait Wagner ? Il
« émancipe la plus vieille femme du monde, Erda.
« Montez, grand'mère ! Il faut chanter ? Erda
« chante. Le but de Wagner est atteint. » Ces
lignes prouvent non seulement que Nietzsche
n'a pas compris les rôles d'Erda et de Wotan,
ce qui vraiment ne nous étonne point, mais
qu'il ne sait même pas de quoi il parle. En effet,
l'évocation d'Erda se trouve au 3e acte de
Siegfried, et si la déesse ne paraissait pas,
l'acte ne serait nullement privé de voix de femme, puisque Brünnhilde y chante pendant près
de trois quarts d'heure. De plus, Wagner ne
faisait pas de la voix de femme un élément in-
dispensable à l'ensemble d'un acte, puisque le
1er acte de ce même *Siegfried* n'est chanté que

par trois voix d'hommes, Siegfried, Mime, Wotan (1).

La seule chose intéressante qui se dégage du *Cas Wagner*, au milieu de tant d'erreurs matérielles, de si nombreuses méprises artistiques, c'est le contraste entre l'esprit de Nietzsche et le génie de Wagner. Les moins documentés verront, par cette lecture, quelle est l'idée morale de l'œuvre wagnérienne, quels *doivent* être les admirateurs de cette œuvre, et d'où lui viennent forcément ses ennemis.

Par un singulier caprice des circonstances, Nietzsche fut quelque temps wagnérien. Mais ce malentendu ne pouvait être durable : une telle âme ne pouvait comprendre et aimer une telle œuvre. Bien que *le Cas Wagner* ne soit pas une exposition philosophique doctrinale, l'esprit de Nietzsche s'y montre dans toute sa laideur morale. Sans examiner aucune question dogmatique, on peut dire que l'œuvre de Wagner est d'ordre chrétien, inspirée par le renoncement au vouloir égoïste, l'amour de ce qui souffre, poussé jusqu'à la rédemption effective.

---

(1) L'ami Alfred Ernst signale une autre énormité. Nietzsche reproche à Wagner d'avoir modifié la conception primitive du *Ring* sous l'influence des idées de Schopenhauer. Or, le poème du *Ring* a été terminé en 1852 et Wagner n'a connu la philosophie de Schopenhauer que dans l'hiver 1853-54, par la lecture de l'ouvrage capital que lui apporta son ami, le poète Herwegh, *Die Welt als Wille und Vorstellung*.

Nietzsche est en révolte contre cette idée. Ce n'est, au fond, ni un passionné véritable, ni même un sensuel, mais un voluptueux — les termes ne sont pas synonymes — tout au moins un voluptueux intellectuel, un dilettante, un orgueilleux, un égoïste, un aristocrate dans le sens le plus raffiné, le plus odieux du mot. L'antinomie est radicale, absolue. D'un côté apparaît l'art qu'on peut nommer chrétien — et Sophocle créant la figure d'Antigone est déjà chrétien pour nous — l'art de notre moyen âge, le plus aimant, le plus jeune, le plus humain peut-être qui fut jamais, l'art auquel se rapporte également la conception shakespearienne de l'homme et de la vie, et auquel Wagner donne une formule nouvelle, harmonique, intégrale, consciente surtout. De l'autre, c'est l'égoïsme artistique, philosophique et littéraire, qui se manifeste, en tout son luxe extérieur, chez les païens de la Renaissance italienne et chez tant d'esprits contemporains, parmi lesquels je ne citerai que deux noms, deux tempéraments bien divers, Nietzsche et Renan, également détestés de tous ceux qui croient que l'affirmation est le seul principe générateur des grandes œuvres. Nul accord intellectuel n'était possible entre l'inventeur de Zarathustra et le créateur de Parsifal, l'esprit qui n'a compris et glorifié que « le désir de la puissance », l'égoïsme intelligent et volontaire de la vie, et le poète qui écrivait :

Die Brüder dort, in grausen Nœthen — den Leib sich quælen und ertœdten... Où l'un croit voir la grandeur et la force, l'autre aperçoit l'asservissement de l'être moral ; pour Wagner, l'esprit n'est vraiment libre, vraiment grand, vraiment fort, que lorsqu'il a rompu les chaînes de l'égoïsme par une œuvre de dévouement et d'amour : « Rédemption au Rédempteur — *Erlœsung dem Erlœser* ».

***

Presque aussi déconcertant que Nietzsche est, dans son genre, M. Camille Saint-Saëns. J'avoue pourtant que, loin d'éprouver pour l'artiste l'horreur que m'inspire le philosophe cher à M. de Wyzewa, j'ai la plus vive admiration pour les dons et le savoir du célèbre compositeur. Il m'est impossible d'oublier qu'en ce polémiste aigre, ce voyageur incohérent, ce poète contestable, ce pianiste absolument miraculeux, il y a un musicien digne de tout respect, actuellement sans rival, du moins au point de vue du métier.

Samson et Dalila, que l'Opéra vient de donner, est de beaucoup la meilleure partition dramatique de M. Saint-Saëns, à telles enseignes que l'auteur, l'ayant finie, se jura à lui-même de ne plus recommencer.

Le maître a tenu parole, malheureusement ;

il s'est efforcé, depuis, de mettre à la scène
l'histoire d'Angleterre et les romans d'Alexandre
Dumas, à moins qu'ils ne soient d'Auguste
Maquet, ou peut-être encore de Paul Meurice.
Au moment de s'envoler dans les hauteurs, il a
attaché à la queue de son Pégase toute la fer-
blanterie romantique de M. Vacquerie, et des
vers de M. Détroyat *(horribile dictu)*, bref,
tout ce qu'il faut pour faire *Henry VIII, Asca-
nio* et *Proserpine*, où les plus rares mérites
musicaux sont étouffés par l'ineptie de poèmes
niaisement adroits.

En fait de poèmes, celui de *Samson* est aussi
mal bâti que possible, mais les situations y sont
simples et claires, les sentiments très humains,
et le musicien a été servi grandement par ces
qualités essentielles. D'ailleurs, qu'on traite ou
non cet opéra d'oratorio, une chose est certaine,
la valeur énorme de la réalisation musicale.

Tantôt M. Saint-Saëns aborde le style vocal
ancien, avec des formes fuguées ou canoniques,
comme dans le chœur des Hébreux au début
du Ier acte, et dans le duo du Grand-prêtre et
de Dalila. Tantôt ces imitations très fermes et
très nettes disparaissent, pour faire place à de
nerveux unissons, tel le chœur : *Israël, romps
ta chaîne.* Voici des airs selon la tradition de
l'opéra, entre autres la strette à deux voix : *Il
faut pour assouvir ma haine* ; voici de pures
mélodies expressives, comme la caressante

phrase en *ré bémol* du grand duo, et des pages
à la fois symphoniques et dramatiques, comme
la majeure partie de cette même scène, proche,
à quelques égards, de l'idéal que nous aimons.
Ecoutez comme la plainte de Samson, au 3ᵉ
acte, concerte avec les dessins gémissants des
instruments à vent, avec la mélopée du chœur
invisible. Et, dans cette extrême variété, où se
résume clairement l'eclectisme de M. Saint-
Saëns, on admire toujours la plus belle tenue
d'art, une écriture forte et précise, une incroyable habileté de développement, une entente
merveilleuse de l'instrumentation.

L'interprétation de *Samson et Dalila* est fort
intéressante, point aussi parfaite cependant que
pourrait le faire supposer le *satisfecit* décerné
par M. Saint-Saëns à l'orchestre et aux chœurs.
J'imagine que ces sortes de lettres sont auto-
graphiées comme de simples circulaires, avec
noms et dates en blanc. M. Vergnet est un
Samson très comme il faut, prodigue de belles
notes, et qui joint, à un sens très réel des effets
doux et plaintifs, une jolie énergie factice, tout
en dehors, à laquelle une fraction du public se
laisse prendre. Mme Deschamps interprète le
rôle de Dalila d'une manière moins personnelle
que cette pauvre Rosine Bloch, mais la qualité
de sa voix est magnifique, et l'on n'aurait point
eu à lui reprocher des intonations quelquefois
trop basses, si elle n'avait été vraiment souf-

frante, obligée à un effort presque continu.
M. Fournets chante énergiquement l'air unique
d'Abimélech. Les spécialistes ont goûté Mlles
Laus et Torri. M. Lassalle, à la répétition générale, fut un grand-Prêtre à pommes cuites ; on
l'a trouvé meilleur à la représentation, mais
bien mauvais tout de même.

30 octobre. — Quoi qu'on die, Engel a eu tort
d'aller chanter à Berlin, puisque Vergnet, ténor
somnolent, l'a remplacé dans le Faust de *la
Damnation*, du Châtelet, Bouche-trou gnan-
gnan, il a dit avec une tendresse infinie tous
les passages de force, et a semblé dormir pendant la première partie. A l'entr'acte, Colonne
ayant tancé ce mollasson d'importance, il a
voulu rattraper le temps perdu, et fait « feux »
(et tonnerre, pour ceux qui savent le texte)
avant son tour, en apprenant le décès de Mme
Oppenheim mère. Méphisto-Fournets épouvan-
té l'a saisi par le bras : « Comprends-tu maintenant ? » Hilarité sur tous les bancs. L'incident
est clos.

Les *bis* traditionnels ont été laborieux. Quant
à Brander, un chat a empêché son rat de sortir.
A propos de sortie, on n'a remarqué, à celle du
concert, que Le Borne et Adolphe Jullien, peu.

Avant de passer au Cirque, j'ouvre une parenthèse pour vous dire deux mots du Colonne
d'avant-hier : cet homme, ce demi-dieu plutôt,
présidait, en plein Institut, à l'exécution d'*Ade-
nis*, scène lyrique de M. Amadis, à moins que
ce ne soit le contraire. J'y ai remarqué une
gentille phrase, dite par Arcalaüs (magicien) et
orchestrée par M. Busser (musicien)

Mais voici qu'un souffle discret
Fait tressaillir...

le pétomane qui se trouvait dans la salle. je
n'*invente* rien. Ensuite, on nous sert, sombre,
un peu touffue, point du tout dénuée de talent,
la *Légende de Saint-Jullien-l'Hospitalier* (sur-
nom que ne méritera jamais l'Adolphe de tout
à l'heure), où M. Erlanger, compositeur aimable
bien que millionnaire, nous peint, avec des
cuivres pittoresques et tourmentés, la mort
d'un cerf, « solennel comme un patriarche »,
abattu d'un coup de carabine Flaubert.

**

Chez nous, belle symphonie de Brahms —
rien d'Alcanter — où l'on remarque, au deuxième morceau, un curieux dialogue entre cor et
basson, d'une part, et haubois et flûte, d'autre
part. Tout ça n'a que le tort de durer trois
quarts d'heure, temps moyen de Paris, à l'amour

de montre que le Patron m'a offerte pour mes
étrennes. Ah ! qu'admirable est la sonorité de
Reine, premier cor au nom prédestiné. Je l'ai
applaudi de toutes mes mains. A toi, Bonvoust !
courage, mon gros ! *Sic itur ad astra.*

Dorel a eu un succès fou dans son solo (là
vieille chanson bretonne pour cor anglais), au
prélude du trois de *Tristan et Iseult ;* rouge
jusqu'aux yeux, il s'est levé précipitamment
pour saluer, à deux reprises, avec des petits
coups de tête qui m'ont mise en gaieté. Une
seule critique, pour n'en pas perdre l'habitude :
il ne détache pas assez, dans les triolets, les
notes piquées (pourvu qu'il ne le soit pas par
cette amicale observation !).

Le patron exécute maintenant l'Ouverture
des *Maîtres* à mon entière satisfaction. Merci !
Les mouvements sont excellents, et trois Ger-
mains, sis près de moi, confessaient que Richter
lui-même ne fait pas beaucoup mieux. J'allais
oublier le fabuliste Chevillard (2° chef d'orchestre) qui fait dialoguer, sans concession exces-
sive, *le Chêne et le Roseau.* Je goûte la phrase
relative à cet « arbuste » (comme le désignait
La Fontaine, botaniste médiocre), phrase schu-
mannesque, sentimentale et rêveuse — le *Pensie-
roseau,* sans doute.

6 novembre. — Au Cirque, Tout-Paris. Oyez plutôt : Des peintres — Carolus Duran, dans une loge somptueuse (cent sous de pourboire)... ça se vend donc toujours, ces vieilles peluches ? Clairin sonnant, fait pour la charge ; le père Pissarro (un vrai celui-là !) bénissant Georges Lecomte, en qui il a mis toutes ses complaisances ; le fils Pissarro, Lucien pour les dames. Des musiciens — Bruneau, compositeur zoliste ; Guy Ropartz, en partzance pour l'Islande, sur le *Porel* (capitaine Loti) ; l'aimable et talentueux Fabre, auteur de *l'Orgue*, qui espère vaincre à coups de Cros ; le Chabrier d'*Espana*, venu pour écouter le Charpentier de *Napoli* (l'union des races latines !) ; Erlanger, brun, discret et doux ; tiens ! j'allais oublier Massenet ! Des gens de lettres — Maurel (pas celui qui chante); Stoullig, critique *national ;* Chassaigne de Néronde, un de nos meilleurs *observateurs-français;* Joly, de Paris et Saint-Pétersbourg ; Hallays, ce cruel ; Ordonneau, étoile du *Matin* ; Lucien Mühlfeld, masher blond ardent de la *Revue blanche*, encore hilare des toasts portés par Bourget au « Banquet lacustre » d'avant-hier, et son collabo Pierre Veber, si drôle avec son petit air à la fois timide et rosse ; de Blowitz, qui bat la mesure sur son ventre (Jacques Blanche dirait qu'il y a de la place).

A propos de place (Claretie m'envierait cette transition), m'en restera-t-il assez pour vous dire que les *Impressions d'Italie*, de l'incandescent Gustave Charpentier, continuent à m'intéresser comme autrefois. On a beaucoup applaudi, et un peu sifflé. Cloches de mules, cors bouchés, programme vésuvien d'Alfred Ernst, van Waeffelghem dans la coulisse, solo de Salmon, retraites de *bersaglieri*, feux d'artifice, rhumes de cor anglais, pétarades de trombones, on ne reprochera pas à cette musique d'avoir les pâles couleurs. Le chiendent, c'est que malgré un aboiement féroce : « A bas l'Institut ! ». je ne sais pas encore bien, à l'heure où nous mettons sous presse, qui applaudissait, qui protestait. Peut-être pourra-t-on me renseigner à la Société Nationale.

La *Symphonie pastorale*, moins bruyante, fut aussi moins orageuse — malgré les tempêtes de la troisième partie. Sans m'occuper des *laendler* qu'y voulut trouver Schindler, je dirai seulement que le Patron l'a très bien conduite, et conduisit mieux encore, *les Maîtres chanteurs*. L'adorant et l'adorable *Repos de la Sainte-Famille*, pieusement chanté par Mauguière, a obtenu un succès colossal. Pourquoi ne pas nous donner in-extenso, sans coupures, toute *l'Enfance du Christ*, pour voir, maintenant que, dans Paris devenu mystique, emmi les foules portant des rameaux, le prophète de Vogüé fait son entrée, monté sur Paul Desjardins.

13 novembre. — Le plat du jour, chez Colonne, c'est *Penthésilée*, de Bruneau, sur un poème puissant de Catulle Mendès. Edouard a sans doute voulu sacrifier à l'actualité en présentant en liberté cette reine des Amazones : l'actualité est Dieu et Dahomey est son prophète.

Rappelons que *Penthésilée* fut jadis annoncée sur nos affiches ; pourquoi le Patron la remplaça-t-il au dernier moment par l'ouverture de *Ruy-Blas ?* Mystère et Mendelssohn !

C'est Mlle Bréval qui chevauche — élégante amazone de chez Redfern — la musique de Bruneau et les vers de Mendès. Sa partie est aussi élevée que les tendances de ce poème symphonique. Elle n'a pu, au saut d'obstacles, faire celui de treizième mineure qui lui était demandé, elle pourtant « qui n'a jamais connu la peur ni la tendresse ! » Rythmes curieux, fougue endiablée, mors aux dents, accents « toujours rude », selon la devise farouche du jeune compositeur, vive impression, grands effets, applaudissements nourris.

Si je félicite sincèrement Colonne — pour qui j'ai, au fond, une sympathie dont il ne se doute peut-être pas — d'avoir joué *Penthésilée*, j'ai la douleur de vous annoncer que les fragments des *Maîtres Chanteurs* furent lamentables. La consternation régnait sur le visage, ordinairement affable, d'Antonin Proust ; Amic et Corneau gémissaient à la tierce ; Fourcaud se recueillait ; quant à Massiac, ses impressions ne vous intéressent probablement pas.

**

Chez M. Lamoureux, à peu de chose près, même programme que l'autre jour, et même succès. M. Mauguière a dit *le Repos de la Sainte-Famille* dans la perfection (ou il ne s'en fau guière.)

Pour les *Impressions d'Italie*, elles ont été très fêtées, sauf la deuxième partie massenetoïdale, « A la Fontaine » ; le public ne veut pas boire de son eau. Après *Napoli*, dont on acclame la verve furibonde, et les cuivres, dirai-je ensoleillés, deux coups de sifflet retentissent. Vérification faite, ce n'est pas un train en détresse, c'est le mathématicien Tannery — celui qui ressemble à Alphonse Daudet — bravant ainsi les fureurs des anarchistes mélomanes de *l'En-Dehors*, Jules Braut, Alexandre Mercier, Jules Méry et Saint-Pol-Roux, compagnons chevelus, massés autour du chevelu Charpentier.

Seul, Saint-Saëns est sorti (je fais des allitérations, comme feu Wagner) avant la Chevauchée de *la Walkyrie*, emmenant en laisse le petit Croze — dit Coquebin Cadet. On signale la présence de Forain (notre Daumier) et de Diémer (notre Prudent) ; je vois aussi la coulée d'or de ta barbe, ô Maurice Lefèvre. et tes boucles d'ébène, ô Straus (Emile), et ton aimable sourire, ô Malherbe, amène quoique érudit ; puis des sommités scientifiques, Haton de la Goupillière et Daubrée ; Eugène Morand aussi, le Voltairien Jacques des Gachons et le docteur Burlureaux. Suis-je bien renseignée !

2 novembre. — Beaucoup de vides au Châtelet, et cependant que d'auditeurs remarquables ! D'abord les auteurs des morceaux joués, sauf Wagner malheureusement : par exemple. Reyer, pour *Sigurd ;* Charpentier et sa famille, pour les *Impressions d'Italie ;* René de Récy, pour le *Rouet d'Omphale* (M. Saint-Saëns s'était fait excuser), et Mendès, pour *Penthésilée.* Puis, çà et là, Henry Céard et son monocle, Straus et Alcanter de Brahm, Hughe Zimbert, Tiersot, cet émail bressan ; Henri Mazel, ermite en pardessus blond et en cheveux café-au-lait ; le beau Paul Robert, le passionné Maurice Beaubourg, Le Borne, de Bréville, Bergon, Saint-Pol-Roux, « visionnaire d'images tumultueuses et magnifiques » déclarait l'esthète Pierre Quillard, puis Massiac, beaucoup plus rassis, et quelques autres Gaston Lemaire pour faire nombre.

La brève ouverture de *Sigurd* et le discret
Pas guerrier du doux Reyer, malgré quelques
pataugeages de cuivres, ont obtenu leur succès
accoutumé. Après la « sérénade » des *Impressions d'Italie* que des gourmands auraient voulu
faire bisser, le bon gros Bailly, son alto sur le
cœur, est venu saluer par trois fois, autorisé
par Colonne, qui lui a promis une augmentation. (Ah ! les serments ont des ailes !) Petit
entr'acte de douze minutes entre les *Mules* et
les *Cimes* (il faut bien le temps de monter), pour
permettre à M. Pennequin de remplacer une
chanterelle qui a cessé de lui plaire. *Napoli* a
été furieusement applaudi ; Barrrettti au violoncelle câlin a d'ailleurs joué comme un ange.

Vers la fin de *Penthésilée*, riche en quintes
(harmonies d'hiver, assurait Paul Masson), —
applaudie du reste avec son interprète, Mlle Bréval, qui a mérité les plus enthousiastes brévaux,
une harpe féminine, trois mesures avant le dernier douze-huit, a oublié le bécarre de son *si* ;
blâmons-la, et constatons une exécution convenable, ma foi, de fragments bien connus, bien
connus de *Lohengrin*.

Paraît qu'Edouard avait songé à redonner *les
Erinnyes,* mais l'accueil si frais qu'elles ont
reçu dimanche dernier l'en dissuada. M. Massenet souffre d'une Erinnye étranglée.

***

Au Cirque, séance touchante : nombre de no-
tabilités s'y donnèrent rendez-vous, pour assister à la réconciliation de Mme Jaëll et d'un
compositeur célèbre, dans le sein (Saëns)
d'*Africa* — qu'on pourrait bien, ces jours-ci,
nous donner au Conservatoire. Cette brillante
fantaisie que M. Saint-Saëns, patriote sévère
pour le pauvre monde qui admire trop *Tristan*,
devrait bien dédier au général Dodds, a été
merveilleusement jouée par la vaillante pianiste,
et par notre orchestre, donc !   o

Mme Emma Langlois, qui chanta Brünnhilde
à Bruxelles, il y a deux ans, a été diversement
appréciée. Elle a de la voix, de la conviction,
mais ses notes sont trop souvent d'une émission
aussi laborieuse que celles de feu le Panama.
Dans l'air d'*Oberon*, elle n'a plu qu'à moitié, et
Pierre Veber, qui représentait sans doute Char-
les-Marie, a paru médiocrement satisfait de la
manière dont la musique de sa famille a été in-
terprétée. Dans *la Mort d'Iseult*, elle fut meilleure, bien meilleure, et le Patron épatant. Le
prélude aussi a très bien marché, quoique les
attaques des bois (vous savez bien, la disson-
nance initiale) m'aient paru un peu grosses.
Enfin, M. Lamoureux a indiqué le petit *accele-
rando* que je lui demandais depuis si longtemps !

Ovations tonitruantes ; je note parmi les plus
emballés : Chabrier, qui devrait bien finir son

-opéra, sans quoi quelque roublard peu scrupu-
leux marchera sur ses briséis ; Lazzari, voyageur comme Saint-Saëns, grand pondeur de
mélodies exquises ; Deconchy, peintre ver-
doyant ; Loewy, sous-directeur de l'Observa-
toire (je fréquente dans tous les mondes) ;
Leconte de Lisle, poète monocliste, morose
depuis que le Magestueux Jules Bois l'accuse
d'avoir pillé les grandes épopées grecques et
orientales, sans y comprendre goutte.

P.-S. — Je signale à M. Lamoureux le lamentable état de la petite estrade sur laquelle il
opère ; l'étoffe, jadis rouge, qui la recouvre, est
en loques ; elle a visiblement trop servi. Ça
m'a rappelé ma partition de *Tristan.*

27 novembre. — Tout d'abord, compliments
au Patron : la petite estrade est recouverte à
neuf. Après l'ouverture d'*Euryanthe*, un peu
hâtée peut-être, le public, voyant annoncées
des *Variations symphoniques* de M. Boellmann
avec le premier violoncelle comme soliste, se
promettait Salmons et merveilles. Il a eu quelque déception : non pas que notre ami ait mal
joué, au contraire (trois rappels), mais la musique de M. Boellmann, organiste de Saint-Vin-
cent-de-Paul, devrait bien être soignée par des

sœurs de charité. Cependant ça commence tout comme *la Neuvième Symphonie* (c'est un bon modèle !) ; vient ensuite le motif massénétique et macaronique, qui finit, le traître, par s'avouer issu d'*Esclarmonde*, hélas ! hélas !

Que dire de la *Symphonie avec chœurs*, de Beethoven, de Schiller, de Wilder, qui n'ait déjà été dit ? Quelques détails pourtant, quelques petites taches au soleil de cette interprétation radieuse. Le divin Mimart a été un peu au-dessous de lui-même et du ton, dans la sublime phrase de clarinette qui répète celle des violons, dans l'*adagio*. « Mémoires d'outre-tombe » chers à notre vibrante Viviane qui frémit aux tristes accords, tenues graves, timbres nocturnes, de cette voix de l'infini. Dans ce même *Adagio*, il y eut un léger bafouillage, peu avant l'entrée de la trompette. En revanche, vive le premier cor ! la gamme de Reine fut vraiment la reine des gammes.

Au récitatif des basses, que j'ai vu avec joie conduire par le Patron sans trop de ralentissement, un violoncelle vorace est parti sans attendre son tour, exemple malheureusement suivi par un ténor de gauche, dans le chœur religieux (je sais bien le nom du coupable, mais je suis généreuse et ne cafarderai pas). On applaudit lesdits chœurs, l'orchestre, son chef, la jolie robe de Mme Leroux-Ribeyre, le zèle de Mme Boisdin-Puisais, la fière mine de Mauguière, l'onction virile du papa Auguez. Tonnerre d'acclamations pour le chef-d'œuvre et tous ses interprètes. M. Lamoureux s'éponge et salue, parmi les hurlements enthousiastes de Stéphane Mallarmé aux oreilles pointues, Péladan qui déclare l'avenir réservé aux pollutionnels, Natanson albe revuiste, Bagès aux yeux troublants, le satanique Poujaud, Kœchlin correct, sec et long, Pierre Veber, grosclaude en herbe au *Gil Blas*, les violonistes Gaupillat couronné dans le Stradivarius et Reynier lauré dans l'archet (excusez !), Janus de Bonnières et une centaine d'autres.

Puis le Patron quitte l'estrade et fait une scène affreuse à une demi-douzaine d'infortunés qui stationnent innocemment au contrôle, tandis que Chevillard, le plus aimable des gendres, conduit à sa place, fort gaillardement, ma foi, la *Marche de fête* de Wagner, un morceau superbe d'allure, mais pendant lequel on n'entendrait pas Dieu tonner.

**

Wekerlin, collaborateur de Pergolèse (1752) a embêté tous les malheureux auditeurs du Châtelet avec une *Scie-cilienne* vaseuse, chantée avec désolation par Mlle Prégi, sans espérance *di poder se consolar*. Mme Roger-Miclos, dans le sévère *Concerto en ut mineur* de

M. Saint-Saëns, ne m'a pas fait oublier Pade-
rewski, mais elle est mieux mise, et sa robe
smaragdine avec manches à gigot a compensé
les sons nasillards du Pleyel enrhumé qui ser-
vait à ses corrects ébats.

Nous commençons à connaître ces crânes et
vibrantes *Impressions d'Italie,* mais c'est toujours avec un nouveau plaisir, etc. Lamoureux
les conduit un peu lentement, Colonne un peu
vite, la moyenne doit satisfaire Charpentier. Je
ne supplie plus Edouard de refouler sa MER
dans le *Lamento* de Fauré (je n'aurais jamais
cru qu'on pût rester si longtemps sous l'eau);
mais s'il veut bien consulter les vers de Gautier,
il s'assurera qu'ils sont nocturnes, non pas sous-
marins, et que le poète a déclaré

Sur moi la NUIT immense
S'étend comme un linceul,

non la *MER.* J'en appelle à Bergerat, gendre
et successeur. Ou bien alors, qu'Edouard cor-
rige dans le même sens le refrain de la chose
et fasse chanter à Mlle Prégi :

Ah ! sans amour s'en aller SOUS la mer !

Pendant que je recueille les coquilles, je ne
saurais trop rappeler aux bardes de l'Association artistique que Brizeux, ignorant de Moréas,
évitait généralement les vers de treize pieds, et

qu'il n'aurait jamais écrit, dans *la Procession*
que chante Marcella :

Aux cantiques des HOMMES, oiseaux, mêlez vos chants !

Çà et là, le bârine Michel Delines, Valdagñé,
venu seulement pour applaudir l'interprète du
concerto, l'acerbe Adolphe Jullien, le violoniste
Remy, le stratonicien ·Alix Fournier, Charpentier naturellement, le calme Eymieu, le bouil-
lant Bernède, et moult autres.

4 Décembre. — Rien de particulièrement curieux, chez nous, sauf la *Neuvième*, ce qui doit
suffire, d'ailleurs, aux plus difficiles. Depuis la
frissonnante indécision de l'exorde jusqu'à l'o-
rageuse étrangeté de la dernière page, me
chuchote la byronienne comtesse de Brocélyande, le premier morceau chante la vigueur romantique, fulgurante et âpre d'un merveilleux
style empire *un poco maestoso.* Ah ! elle aime
la vigueur, mon amie ! Mais lorgnons la salle :
peu de gens connus, rien que des gens chics.
Parterre de fleurs féminines, en corsages écos-
sais présageant chez leurs jolies porteuses une
hospitalité également écossaise. Au hasard de la
lorgnette (suivant l'expression consacrée), Lu-
dovic Halévy ou quelqu'un qui lui ressemble

éperdument, Bourgeois et Le Tourneux, chefs de chant chez Carvalho, et — Rencontre Imprévue — Richard Mandl.

Le violoncelliste Salmon, cette fois-ci, m'a paru avoir dans les honnêtes *Variations* de Boëllmann, une sonorité un peu grêle (il en tombait beaucoup à ce moment-là). Il est du reste, si j'ai bonne mémoire, élève de Jacquard, ce qui explique qu'il sache bien son métier. Les filateurs me comprendront.

Exécution supérieure de la *Symphonie* cardiaque. Pas une faiblesse, même chez les solistes. Ovations catapultueuses saluant cette synthèse sublime immortalisant tout un Moi, gigantesque comme une époque, cette Notre-Dame-de-Paris de l'art sonore, disait merveilleusement l'ami Raymond Bouyer, esthète compréhensif — *rarissima avis !* Désespérée, quoique enchantée au fond de n'avoir rien à reprendre, je constate que Dorel est absent de son pupitre, ou d'ailleurs Goenstett (je ne réponds pas de l'orthographe) le remplace fort honnêtement. Aurait-on appelé notre premier hautbois devant la commission d'enquête ?

**
*

A l'usine rivale, *l'Enfance du Christ* est applaudie à outrance. J'ai beau y travailler, on ne se refait pas : l'impartialité aiguë est une maladie dont je ne guérirai point... Aussi, dois-je constater que ça a très bien marché, du moins quant à l'orchestre. Le jeune Warmbrodt a chanté comme un pied le récit du commencement ; il a été meilleur après, ce qui ne veut pas dire bon. Mlle de Montalant grandit toujours ; si cela continue, elle pourra bientôt atteindre moins laborieusement le *sol*, dans la troisième partie. A l'entr'acte, un spectateur demandait : « Combien a-t-elle de mètres ? » En tout cas, *celui* qui lui enseigna le chant aurait bien dû lui apprendre à paraître moins contente d'elle-même. Les chœurs vont bien, sauf dans la petite phrase des devins juifs, qu'ils n'ont pas chantée devinement.

Incident tragique. Après le charmant prélude en *fa dièze mineur* de la seconde partie, un cri résonne : « Recommencez ! on n'a rien entendu ! » D'horribles clameurs répondent à cette invitation : « Assez ! A la porte ! Sortez-le ! Hou ! hou ! » Adolphe Jullien manque passer par dessus le balcon dans son effort pour découvrir le pertubrateur. Après cinq minutes où l'on n'ouït plus que des cris d'animaux (quelques furieux réclament déjà ma tête), M. Colonne, d'une voix plus douce que la brise de mai, susurre le speech suivant : « Un certain nombre d'entre vous ont pu croire tout à l'heure qu'il y avait un entr'acte ; c'était une erreur, il n'y en avait pas ! Pour ceux qui étaient sortis et qui

rentrent seulement, nous allons recommencer. »
Et l'on a recommencé.

Parmi les assistants : l'auteur de *Gyptis*, un
Des Joyaux de la musique aimable (Noël !
Noël !) ; René Benoist, du *Moniteur ;* Maurice
Bouchor, enthousiaste de ce Berlioz-là ; Georges
Lecomte, « fine tête souriante à barbe four-
chue », (G. Bonnamour *pinxit*) ; Benjamin, non
pas Pifteau mais Godard, que j'ai gardé pour
la bonne bouche.

11 décembre. — Aujourd'hui, foule compacte ;
rien que des payants, et, hors quelques journalistes spécialement invités par M. Colonne,
Remacle, à la mèche rebelle, Maurice Lefévre,
qui déclare ne plus faire partie du *Monde artiste*, Tiersot, l'ami Boisard, Viterbo, aux pé-
dales véloces, Ernst, obligé de faire la navette
entre *l'Enfance du Christ* et la *Symphonie avec
chœur*, Michel Delines qui ressemble à Drumont, Jacques Saint-Cère et Gaston Lemaire,
dernier tuyau de cette flûte de Pan (j'ai cité par
rang de taille). Saint-Saëns, en petit chapeau
et en partance pour l'Afrique, répond sèche-
ment : « Il n'y a pas de harpes chez Bach », à
un amateur qui lui vante l'heureux emploi de
cet instrument dans une *Suite* du vieux can-

tor. Nommons encore l'acteur Grand, tombé du
Théâtre-Libre dans *Monsieur Coulisset*, et l'é-
diteur Alcan, qui vient de publier un puissant
bouquin de M. Griveau, bibliothécaire, intitulé
les Eléments du Beau, et préfacé par Sully-
Prudhomme (mince de réclame !).

La petite vadrouille romaine de la première
partie a été d'un déclanchement assez pénible.
Le gros Douaillier a chanté d'une voix coton-
neuse qu'on n'entendait pas dans les polidors
du théâtre, à ce que m'ont affirmé mes collègues
de là-bas. (Elles, en revanche, on les entend de
la salle). On a bissé le *Repos*, beaucoup mieux
chanté par Warmbrodt que l'autre jour. L'orchestre a bien joué les « grandes mesures à sept
temps », je veux dire la scène des devins, con-
juration plus réelle et plus sinistre que celle
dont on a fait honneur à l'inoffensif comte de
Paris.

Très bien, l'entr'acte de dix minutes, entre
la Fuite en Egypte et *l'Arrivée à Saïs* (rien de
l'œuvre de Mme Olagnier, opéra qui donnait la
chair de Capoul) ; pas un accroc. Mlle de Montalant a chanté faux, comme toujours, mais un
peu plus que d'habitude ; aussi l'a-t-on fort applaudie. Ne forçons pas notre Montalent, disait
un ami des à-peu-près et de Lafontaine. Félici-
tations à Cantié et Roux, jeunes Ismaëlites
mâles, artistes à mine flûtée, ainsi qu'à la sympathique virtuose de la « harpe thébaine », Mme
Provinciali-Celmer.

* * *

Aux Champs-Elysées, maintenant. L'ouverture symphonique d'Ewstafiew (qui devrait être correspondant russe à l'*Estafiewtte*) ne fera pas monter le cours du rouble. C'est propre, sain et frugal, sans plus. Peut-être cependant les instrumentistes auraient-ils bien fait de s'accorder un peu plus soigneusement avant de livrer bataille à cet estafier.

Très bonne exécution du Venusberg, la superbe page musicale que d'Indy « concède » dans *Tannhæuser* (merci !) Le premier morceau de la *Neuvième* a paru interprété avec moins de couleur que telle autre fois, mais le scherzo a été exquis — je ne vous dis que ça. Et le grand pianiste, petit compositeur Rubinstein — qui réclame des scherzos « cynégétiques », ne ferait pas mal d'étudier ces dessins d'accompagnement rehaussés de timbales vibrantes. Pendant l'*Adagio*, Alphonse Combes, mélomane indigné, rappelle au silence des dames aussi bavardes que gracieuses. Elles le conspuent. Le finale est acclamé, malgré quelques notes douteuses de Mauguière, qui s'est fait la tête de Crozier, chef de cabinet du ministre des affaires étrangères. Qu'on le décore !

Les chœurs ont demandé à rester pour jouir d'*Espana*, qu'on entend toujours avec un nouveau plaisir. Ils ont ri, à cœur joie, et applaudi, avec toute la salle, la rapsodie du facétieux Chabrier, composition où « les deux essences musicales des Espagnes du Sud et du Nord sont mêlées et superposées selon toutes les fantaisies de la polyrythmie » (je copie le programme, qui a son prix).

Parmi les assistants, le docte Robert de Bonnières, l'ami René Benoist, l'intuitif Raymond Bouyer. J'abrège, et je vous annonce le départ du Patron pour la Russie (pleurez, mes yeux), son remplacement momentané par Chevillard, et l'exécution prochaine du *Chant de la Cloche*, avec un ténor ami de Massenet dans le rôle de Wilhem, et une cantatrice belge et blonde dans celui de Lénore. La belle œuvre de d'Indy sera la bienvenue ; tout le personnel se mettra en quatre pour la bien interprêter. Je l'espère du moins, et fais le vœu, comme on chante dans la traduction que Wilder a perpétrée de *l'Ode à la Joie*,

> *Que son souffle nous enflamme*
> *Nous embrase tour à tour...*

J'ajouterai — quoi qu'il advienne ou qu'il arrive.

18 décembre. — Sous le regard présidentiel de Mme Carnot, le bon Paul Taffanel a conduit l'orchestre du Conservatoire, tandis qu'à son ancienne place. au pupitre des flûtes, reluisait le crâne poli de l'infidèle Hennebains, remplacé chez nous par un Bertram, qui n'a d'ailleurs rien de diabolique. Dans la salle, le juge Lascoux étincelle de mille feux ; Jacques Blanche luit au balcon, et, plus bas, voici Georges Flé, auteur des délicieuses *Chansons de la mer et des grêves,* flanqué de deux Wagnériens hirsutes, Bonnier (Charles) et Bonnier (Jules). Mais que dis-je ? Je vois figurer dans une loge, pour clore ma Liszt, une « sosie » de Cosima.

Taffanel conduit bien, ma parole ! *Roméo et Juliette* a superbement marché, beaucoup mieux que dimanche dernier, par parenthèse, à part un peu de faiblesse vocale chez le père Laurence. C'est la plus belle exécution du chef-d'œuvre que j'aie entendue depuis longues années, hors pourtant le *scherzo* de la *Reine Mab,* d'une fantaisie délicieusement *Mab*oule, où d'ailleurs Gillet s'est distingué sur le cor anglais — instrument que Barbedette a tort de croire en cuivre et fabriqué à Londres. Le finale a produit un effet prodigieux, non seulement par sa puissance musicale, mais aussi parce qu'il renferme, si j'en crois le progrmme révélateur signé J. T. (Jules Tardieu ?), la réconciliation des Capulets et des Montaigus avec une troisième faction inédite, « le prologue » (*sic,* page 2, ligne 27).

Aussitôt après, Auguez se sauve pour aller

chanter la *Neuvième* au Cirque. Adolphe Jullien se dévisse pareillement pour écouter la fin de *l'Enfance du Christ*, chez Colonne. Moi, je suis dispensée de telles combinaisons, grâce à ce don d'ubiquité que mes plus acharnés ennemis sont obligés de me reconnaître.

Couvert de cheveux, Marsick s'avance. Pendant que l'orchestre attaque le *Concerto* de Beethoven, il examine son violon, le gratte, le flaire, le dorlote sur son cœur ; j'ai cru qu'il allait lui donner à têter. Soudain il se livre à une cadence infecte, qui dure trois minutes et demie montre en main, cadence de sac et de doubles cordes, qui arrache à de Koninck cette exclamation : « On dirait un morceau pour deux violons. » — J'ajoute : « Qui joueraient faux ». Ruisselant de sueur, il achève ; les gobeurs s'apprêtent à éclater en applaudissements, mais un « ouf ! » qui tombe de la loge des journalistes glace leurs courages.

***

Pas un vide chez nous. Cela s'explique : aux attractions d'un programme succulent, s'ajoutait celle des grands débuts de M. Gendre qui, pour la première fois, dirigeait le concert — en bloc. Ainsi les fils de la perfide Albion, nos ennemis héréditaires, espèrent toujours voir manger le dompteur. Citons, parmi ces cruels,

Maurel le meyerbeerophobe et Wilder fils, Lazzari, qui vient de publir trois charmantes pièces de piano, le brun Charles Joly, Camille Andrès, qui fait la pige à feu Adam, avec un *Noël* que l'*Illustration* a publié, pour faire compensation à la musique de Fock (dans tous les sens du mot), qu'elle a coutume de sortir, Henri Amic, littérateur qui a du Sand dans les veines, et, dans la même loge, bouquet humain, Tiersot sans sa barbe, de Bonnières, Poujaud et Vincent d'Indy. On a déploré l'absence de René-Taillandier, orgueil de Germain-en-Laye (laïcisons ! laïcisons !) « le seul organiste qui ait du talent », selon la parole historique de Saëns.

Dans l'ouverture d'*Obéron* et dans le *Venusberg*, l'ami Chevillard prend une seconde le mors aux dents ; mais nous avons les traditions, et l'orchestre ralentit de son plein gré. Comme ça, la moyenne est juste.

La *Neuvième* persiste à resplendir. Figurez-vous que, dans la furieuse apostrophe orchestrale du Finale, un poète érémitique entend et voit toute la Révolution. Oyez : les chœurs et les cuivres qui planent dans l'éther des notes si hautes, clament un 1792, les cris de Valmy et de Jemmapes, les temps ailés que Laclos a vécus, que Maurice Barrès voudrait vivre... — Je ne m'attendais guère à voir Barrès en cette affaire, mais l'idée a du bon tout de même, et Mme Boidin-Puisais a du bon aussi, ex-Brangaine du Château-d'Eau, et Mme Leroux-Ribeyre itou, et pareillement Auguière et Mauguez (car il n'importe guière que Mauguièr' soit devant et qu'Auguez soit derrière). Chacun fait son devoir. Un hautbois a même fait plus que son devoir, et nous a offert un son prématuré (naturel, pour les musiciens), que personne n'était pressé d'entendre. Emu, un ténor voisin s'en est fichu par terre (« O saint transport ! » comme dit la traduction).

Chevillard est applaudi unanimement par l'orchestre, les chœurs, le public, les municipaux, et moi-même. Le Patron a dû l'entendre de Saint-Pétersbourg. Bravo, Camille ! Débuter par la *Symphonie avec chœurs* et finir par *Espana*, c'est une rude tâche. Après avoir accompli ce travail d'Hercule et soulevé de telles montagnes, Chevillard pourrait dire avec orgueil, comme le demi-dieu : « l'Œta, c'est moi... »

25 janvier 1893. — Si délicieuse est la musique de *la Flûte enchantée* que son charme survit aux trahisons de la reprise qu'en fit récemment l'Opéra-Comique. Nonobstant les pesanteurs de l'orchestre actuel, les haïssables cornets à piston exécutant les parties de trom-

pettes, le style absent et Mlle Sanderson
présente, nous eûmes un très subtil plaisir à
réentendre le ravissant chef-d'œuvre. Recevons
à merci les interprètes, médiocres ou pires : leur
insuffisance, pour notoire qu'elle soit, ne peut
découronner tout à fait la musique de ses radieuses inspirations. Et, comme il sied, le songe
d'art subsiste, le charme de cette partition véritablement « enchantée », plus incomprise
encore des dilettantes que du public.

Certes, il ne serait pas difficile d'apprendre
aux chanteurs un meilleur phrasé, une tenue
vocale qui fût un peu plus digne de l'œuvre
qu'ils interprètent. On pourrait également laisser à la Reine de la Nuit son caractère féerique,
la faire apparaître, non à la rampe, mais aux
hauteurs du décor, toute scintillante sur l'azur
sombre, dans un fourmillement d'étoiles. Les
folles vocalises que Mozart lui confie étincelle-
raient alors comme un bouquet de lueurs stel-
laires, vives fulgurations de quelque musicale
Voie Lactée. On pourrait, en un mot, faire
mieux... Mais je n'en éprouve guère le désir.
Il ne me déplaît pas de m'abstraire complètement de la réalisation scénique : peut-être
même, en déplorant qu'on ait plus ou moins
bouleversé l'exquise merveille, dois-je regretter
aussi qu'elle ne soit point donnée sous la forme
presque familière qui fut sienne tout d'abord,
sur un théâtre de hasard, avec la misère de dé-

cors invraisemblables, dans son atmosphère primitive de gaîté toute viennoise — *Wiener Lust* —, gaîté sentimentale, enfantine même, où la noblesse des grandes pages religieuses s'exalte plus puissamment.

On aimerait voir la *Zauberflœte* d'autrefois, mise en scène par son propre librettiste, ce Schikaneder échappé du Roman Comique, mais d'un Roman Comique plus atténué, plus fade, qui serait au premier ce que la bière est au vin. Je voudrais qu'on ne nous épargnât ni le serpent empaillé de la scène initiale, ni les plumes de perroquet de Papageno, ni aucune des platitudes du texte, plus savoureuses en leur touchante bêtise que toutes celles que la traduction leur substitue. L'autre soir, en écoutant, les souvenirs me revenaient en foule d'une audition de *la Flûte enchantée* à Munich, à la fois plus intelligente et plus naïve. Et je retrouvais, avec une franchise meilleure, embaumés de leur fragrance première, ces refrains si charmants, frais boutons cueillis par Mozart aux haies vives de la chanson populaire allemande, épanouis en fleurs précieuses au tiède souffle de son génie. « *Der Vogelfænger bin ich ja !* — C'est moi le charmeur d'oiseaux ! » Comme l'aimable mélodie s'applique bien au maître lui-même, et comme nous comprenons qu'elle soit revenue un peu plus tard, pendant les heures dernières — innocent adieu de la vie — sur les lèvres tremblantes du mourant !

Le sourire de Mozart... C'est peut-être la spéciale tendresse de sa musique, la richesse absolument originale qui éclate, au milieu de tant d'autres, dans le vaste trésor de son œuvre. Ce sourire de lumière est doux et pénétrant, ému, comme trempé de claires larmes. C'est lui qui fait d'un thème scénique insignifiant, *Cosi fan tutte*, une idéale petite merveille ; c'est lui qui rayonne aux andantes des sonates, des trios et quatuors, et dans ces *lieder* pieux ou tendres qui préparent ceux de Beethoven et de Schubert. Le voici dans la deuxième partie de la symphonie en *mi bémol ;* plus loin, c'est la grâce de Zerline, c'est Chérubin et c'est Suzanne... Notez en passant les transformations qu'opère un génie vraiment créateur, et voyez comment Mozart sait faire de la comédie de Beaumarchais, railleuse. aigre et puissante, un chef-d'œuvre de douceur indicible, pur et passionné tout à la fois.

C'est un prodige de ce genre que Mozart accomplit dans *la Flûte*. Grâce à lui, la stupidité de la fable, compliquée des niaiseries maçonniques chères à Schikaneder, et, il faut le reconnaître, au musicien lui-même, s'ennoblit au point de toucher au mystère et d'évoquer à notre esprit des symboles. Les sottes aventures de Tamino et de Pamina deviennent la périlleuse ascension des âmes, à travers les embûches de l'erreur, les séductions et les menaces

du vice, jusqu'à la région supérieure de la
vérité et de la bonté. Et, parallèlement, comme
une transposition de l'action poétique dans le
monde familier, voici les amours de Papageno
et de Papagena, traversées des mêmes obstacles, égayées de rires, de plaisanteries, de
mimiques bouffonnes, et sauvées pourtant de
toute bassesse par le prestige vainqueur de la
musique.

Ce sourire dont nous parlions tout à l'heure,
il rayonne plus divinement que jamais aux trios
des fées, aux trios des initiés bienfaisants. Ici,
le charme est si intense qu'il devient générateur
d'émotion. Tout à côté, voici les accents admi-
rables de Sarastro et de ses prêtres, la puissance contenue des trombones, allant du
pianissimo le plus voilé à de larges sonorités
vibrantes ; tantôt leur timbre soutient et colore
les hymnes, aux parvis du temple d'Isis ; tantôt, aux ultimes épreuves que doit vaincre
Tamino accompagné de Pamina, il se prolonge
en grands accords, plein d'une autorité mysté-
rieuse, sous la lente mélopée de la flûte magi-
que. Et c'est le tintement du glockenspiel, gai
carillon de cristal, ayant lui aussi sa magie. Et
je rappellerai, en finissant, le libre style du
discours musical, dans le dialogue du Tamino
et du *Sprecher,* au seuil redoutable du sanc-
tuaire...

**

La rumeur se confirme ; oui, un baryton célèbre, qui chante faux depuis dix ans (le public
ne s'en est aperçu que cette année, à la première de *Samson)*, tripatouillerait d'agréable
façon le rôle de Wotan — en prévision de *la
Walkyrie* que nous annonce l'Opéra — s'étant
aperçu un peu tard qu'il ne pouvait pas plus
interpréter ledit rôle que le comprendre. Si la
nouvelle se confirme, nous adjurons humble-
ment l'administration d'arrêter au plus tôt, en
confiant le personnage de Wotan à un chanteur
moins ambitieux, les fantaisies mélodiques de
notre baryton national (depuis le décès artistique de M. Faure).

25 décembre. — Une nouvelle : le 7 janvier
1893, notre chère Société Nationale, longtemps
muette, va nous servir l' « Ode funèbre » de
Bach ; *odaces fortuna juvat*.
Autres nouvelles : MM. Lamoureux et Colonne ont mis, le soir de Noël — avec quels
battements de cœur ! — leurs souliers dans la
cheminée. La pointure importe peu, c'est l'intention qui est tout. Le lendemain matin, ils y
ont aperçu, chacun, avant toutes choses, un
exemplaire relié à ses armes de la nouveauté du
jour, *Bains de sons*, que le public, par ce temps

de révélations et de scandales, s'arrache comme
si cet indiscret bouquin était rédigé par les
Vehmards de la commission d'enquête.

Un point, ce n'est pas tout. Dans la botte à
Colonne (une botte molle) le tic-tac se percevait
d'un métronome, un amour de métronome in-
crusté de nacre, spontanément offert par les
membres de l'Association artistique, avec cette
simple légende : « Pour l'exécution du prélude
de *Tristan*. » Dans la chaussure en cuir de
Russie du Patron, de jeunes inconnus, qui n'ont
pas dit leurs noms et qu'on n'a pas revus,
avaient déposé les œuvres complètes de César
Franck (en coupera-t-il jamais les pages ?) Non
loin du soulier beau-paternel, les moules à ri-
patons de Chevillard se fleurissaient d'un bâton
de chef d'orchestre en chêne et en roseau, —
un peu long, à ce qui m'a semblé.

D'autres mortels ont sacrifié à la coutume,
espérant qu'on n'en saurait rien, mais j'en dé-
tiens la liste, que j'ai fait photographier à cinq
exemplaires. Je ne révèlerai que quelques noms,
me réservant de dire les autres à M. Franqueville.

M. Massenet a ramassé, dans la mule de
Mlle Sanderson, un lot de ténors (jeu de mas-
sacre : avec une boule, on leur rompt les Wer-
thèbres), blasonné de cette devise : *procumbit
humi Ibos*.

L'ami Messager, dans sa botte, en a trouvé

une de chrysanthèmes, Ali-Ben-Saint-Saëns, en ses babouches algériennes, a eu la surprise de voir, colligés par Malherbe du *Monde artiste*, tous les articles laudatifs des soireux en renom, ainsi qu'un rassurant aperçu des recettes de son opéra. « Cent sous et Delilia », murmura son mamelouk Choisnel.

Le Chevalier Joncières a extrait de ses jambards la veste russe (la « touloupe », dirait Michel Delines), de *Dimitri*, inutilement reprisée. M. Thomas a été pourvu d'elixirs reconstituants.

Un membre de la Société Nationale (le juge d'instruction lui-même ne m'arrachera pas son nom) a reçu quelques idées musicales, enveloppées dans un papier de soie. M. Lassalle, baryton défraîchi, a été gratifié de la succession de Robinson-Vauthier, en échange du rôle de Wotan que, nous l'espérons bien, M. Bertrand va se hâter de lui retirer. Suivant la prédiction du docteur Charcot, Mlle Calvé, Carmen exubérante, a trouvé une camisole de force. Et le directeur du *Monde musical* a découvert dans ses pantoufles, au lieu des marrons glacés qu'il attendait voracement, une ample provende de chardons.

8 janvier 93. — Voici résonner le *Chant de*

la Cloche, sous la direction du bârine Lamou-
reuxoff, tombeur de Hans de Bulow en Russie ;
Chevillardski, descendu du pupitre, opère sur
un piano acaule, je veux dire droit. Hartmann,
flanqué de Messager, (tout abruti, le pauvre,
des répétitions de *Madame Chrysanthème*) apparaît aux premières à gauche, non loin du savou-
reux trio Kunkelmann-Willy-du Tillet, puis
Bruneau le Zoliste, Chabrier tonitruant d'enthousiasme, Lazzari mal remis des impressions
désagréables que lui a procurées le 2ᵉ trio *(mi
mineur)* de Saint-Saëns, le lamentable Widor,
Octave Maus (*Les Vingt* dissipent la tristesse),
Durand and son, Pierre de Bréville, porteur
d'une partition d'orchestre (50 kilos), le bon
gros Danbé, l'astronome Loewy, l'élégant Bagès,
le blond Stoullig, le haut Tiersot, le boulot
Marty.

Plus loin, Gaupillat le sombre, le méphisto-
phélétique Poujaud, l'hebdomadaire Dukas,
Raymond Bonheur, un autre Raymond (Bouyer
celui-là), Ferdinand Herold, poète appelé à
Régnier, le fabuleux Joncières — qui faisait une
tête ! — devant un artiste de haulte Gresse qui
lui demande tout le temps des explications, et
Mlle Galitzine, violoncelliste parfois ; Le Borne,
qui arrive après le quatrième tableau, Mme
Fuchs et sa famille, le talentueux Claude Fo-
restier, le bon peintre Azambre, Gabriel Fabre
qui applaudit ferme, le Tromb-Alcazariste

Saint-René-Taillandier, Husson, Chausson, Masson, (l'habitude de la rime !) Le Corbeiller, au monocle impeccable, Maurice Lefèvre qui disserte avec compétence sur la polémique de Sarah Bernhardt avec *le Monde artiste*, Karageorgewich — et d'Indy lui-même.

Succès énorme, dès le premier chœur, où Vincent, faisant coup double, a trouvé moyen de rappeler à la fois la *Chevauchée des Walkyries* et l'ouverture du *Vaisseau-Fantôme*. Ce succès tourne au triomphe, après la Fête la scène des Esprits et l'Incendie, où la puissance de suggestion de la musique est telle que Gibert lui-même, tout en feu, cramoisi jusqu'aux oreilles, en oublie huit mesures, laissant les chœurs promettre sans lui, libéralement, des « coups d'estoc et de taille ». Je me hâte dire qu'il s'est en somme très bien tiré de son redoutable personnage — peut-être difficile à chanter..

Mais je lui préfère encore Lafarge qui, l'an dernier, interpréta le rôle à Amsterdam, si magistralement que, sur son passage, tous les mélomanes hollandais faisaient la Haye.

Mlle Gherlsen a fait plaisir ; elle chante assez juste, et à ce point de vue, a moins bronché que son partenaire, dans un duo d'amour qui n'est pas (veuille Bréville me pardonner ce blasphème !) ce que j'aime le mieux. Nous dirons, si vous y tenez, qu'elle n'a pas perdu Lénore.

Signalons quelques défaillances des chœurs, une distraction de l'ami Dorel, (qui a glissé une ritournelle prématurée de hautbois dans une pause, pendant le plain-chant de la dernière scène) ; mais, « loin de nous la noire tristesse » comme chante fâcheusement Wilhelm ! et remercions Mimart de ses exquis soupirs de clarinette. Félicitons aussi les maîtres sonneurs du finale, qui ont tapé à tour de bras — comme on tape sur sa femme, disait un abonné que je ne nommerai pas. Je ne sais pas si le *mi-bémol* obtenu a été à la fois « clair et grave », comme le veut un programme trop exigeant, mais la Cloche a magnifiquement retenti tout de même.

Et Colonne, me direz-vous ?

Zut !

15 janvier. — Bien que défendus par un verglas de première qualité, les abords du Conservatoire ont été envahis dès une heure et demie par un élégant public. On entre : au balcon, le père d'*Antonia* reluit, véritable fleur Dujardin ; dans une loge, lys vénérable, le Père Gounod s'épanouit, entouré d'une corbeille de jolies femmes. Je signale encore, au parterre, Camille Benoît ; dans la loge des journalistes, Philip et Oppenheim, ces violettes ; Dayrolles, cette scabieuse ; tel un tournesol, Tiersot se balance dans les hauteurs. J'allais, pardieu ! oublier Déroulède, dont la présence est très commentée.

La *messe en ré* a été magnifiquement exécutée, à part un petit lot de fausses notes servies par Mlle Blanc. Les abonnés bâillent, les musiciens applaudissent, Taffanel rayonne. L'ouverture d'*Euryanthe* fait toujours plaisir, surtout quand elle est bien dirigée, avec la fougue et aussi l'élasticité qu'elle exige. Un bon point à Tiersot ; grâce à lui, c'est la première fois qu'un programme explique le petit *adagio* de l'ouverture. Le Patron ferait bien de suivre cet exemple.

**

Chez Colonne, à présent. Comme la troisième symphonie de Schuman est intitulée « Rhénane », le sceptique Edouard a pris prétexte de ce Rhénanisme (en *mi bémol)* pour la jouer un peu flou. Il y a eu des moments où l'Abbesse de Jouarre elle-même n'y aurait pas retrouvé ses petits. Dans la *Fileuse* de Guiraud-Mendelssohn, les seconds violons ont tellement pressé leurs *pizzicati* qu'Edouard, pour ne pas renvoyer ses auditeurs trop tôt, s'est accordé un *bis*. Une demoiselle Depecker a joué sans vigueur le *Concert-stück* de Weber, qui méritait mieux (on ne m'accusera pas de débiner le stuck).

Pour *la Mer* — la Mer du Nord, si j'en juge par la froideur du public — on uous avait promis Mlle Du Minil, chargée de dire le poème de M. Eddy Lévis. Mais l'ingénue de chez Claretie s'est vu sans dcute défendre par sa mère de figurer dans celle de M. Gilson et n'est pas venue. Quelques personnes ont semblé déçues (invraisemblable, mais vrai). Le poète, un brabançon brun très convaincu, et qui vibre, a opéré lui-même. On l'a trouvé plutôt long d'autant plus qu'il fait — soyons maritime aussi — un (hareng) sort à chaque mot.

La Mer se compose de quatre parties. Sur la première, *Le Lever du Jour*, Charpentier pourra réclamer des droits d'auteur. Il y a là une harpe, il y en a même deux, qui montent, montent, si haut qu'on peut monter (sur les Cîmes, dirait le Gustave précité). Dans la *Ronde du Gabier*, (comme la hune), l'auteur a fourré du triangle, des cymbales, du tambour de basque, une gigue, et des imitations de biniou. Les mauvais esprits ont trouvé le tout un peu bigniouf. Quant au *Crépuscule*, il se compose essentiellement, selon les rites d'Holmès, d'une immense mélopée de cor anglais, troublée par d'imprévues répliques de la première flûte (on croirait que l'ouvrage est encore sur le Cantié). Reste une *Tempête*, qui est comme toutes les tempêtes.

Certes, je suis loin de nier le talent de
M. Gilson, dont les audaces (relatives) effa-
rouchent le pompiérisme belge mais je n'aime
pas beaucoup sa *Mer* et, quand bien même ces
Rythmes et Rires devraient être arrêtés à la
frontière par Vandenpeereboom, j'ai tenu à dire
la vérité, toute la vérité, marrie pourtant d'être
en désaccord (comme la flûte et le cor anglais
du *Crépuscule)*, avec les représentants de la
Jeune-Belgique, le monacal Verhaeren, Albert
Giraud le Hartleben belge, le bon poète Eckhoud,
etc. Faut-il donc tant jouer d'Eckhoud pour arri-
ver? Déplorons, si vous voulez, ce Gilsonisme !
Et regrettons que, pour ses coups d'essai, l'auteur
de *la Mer* ne veuille pas d'Eckhoude maître.

Barretti a joué sans aucune simplicité son solo
de violoncelle dans les sempiternelles *Erinnyes*.
Et puis il a recommencé. *La Chevauchée des
Walkyries* galopée « alla mazurka », a réjoui
nos cœurs. Le programme assure que les vierges guerrières « portent, dans leurs bras, les
cadavres des guerriers morts », et qu' « elles
heurtent leurs boucliers et leurs lances ».
Seigneur ! combien ont-elles donc de bras ?

Dans l'assistance : le petit père Delines, que
le Patron bombarde de lettres rectificatives ;
Jean Rameau, dont la chevelure est un programme ; Eymieu, le dangeau de Sa Majesté
Widor ; Gabriel Fabre, qui se répand en entre-
tiens politiques et littéraires ; Stoullig, tout

rêveur ; Lélio, homme de *Plume* ; Armand
Colin, éditeur ; Benoît, pianiste de l'Assistance
publique, diémer pour l'usage des Internes.

*_**

Au Cirque, la Cloche chante et d'Indy triomphe. Enthousiasme fou. Salle comble. Exécution
splendide. Le patron ne s'amuse plus, comme
dimanche dernier, à battre à deux temps, au
lieu de trois, le changement de mesure du tableau de la fête avant le défilé des corporations,
histoire de faire patauger ses choristes. Du
reste, ces dames sont trop peu nombreuses, par
suite du mauvais vouloir de M. Audan, maître
de chapelle de Saint-François-de-Sales, qui les
emploie dans sa maîtrise, (et les canons ecclésiastiques !) et menace de renvoi celles qui viennent chanter chez nous.

Parmi les plus emballés, je remarque Pierre
de Bréville, Georges Hüe, aux fastueux pourboires, le pianiste Paul Braud, la famille Hel-
lmann, le blond Bagès, le brun Poujaud, le
romancier Henri Amic, le jeune Bordes, l'éditeur Hamelle, fécond en calembours, le docteur
Worms, les peintres Lerolle et Blanche, les
compositeurs Husson et Perilhou, le musico-
graphe Imbert, Francis Magnard, à qui Robert
de Bonnières analyse chaque motif, signale
chaque modulation et explique le fonctionne-

ment de chaque instrument ; les Della-Sudda, peintre et pianiste, fils de Faïk-Pacha, Mlle Taravant, plusieurs militaires et un nègre dont j'ignore la profession.

22 janvier. — En dépit d'un temps à ne pas mettre Cornélius Herz dehors, une foule immense faisait plier les gradins du Cirque. Sans prétendre au titre de somnambule extra-lucide, j'imagine que le retour du prix des places au tarif normal y est bien pour quelque chose.

Pendant son séjour dans l'empire des tsars, il paraît que le Patron s'est vu reprocher par quelques journalistes russes de conduire trop lentement l'ouverture de *Tannhæuser ;* tous les goûts sont dans la nature. Le mien est qu'il l'a très bien menée aujourd'hui, où il est allé sensiblement moins vite que de coutume. M. de Mohrenheim fera de cette manifestation l'usage qu'il lui plaira !

La *Reformation Symphony* est pour plaire aux parpaillots ; *Kol Nidrei*, transcription par Max Bruch d'un chant religieux sémite (par le temps qui court, on pourra dire que Max Bruch s'en va-t-en guerre), a été fredonnée pendant l'exécution par le Tout-Israël des loges, qui mettait pieusement les paroles sur les notes —

Pends-toi, Drumont ! — Le *Tannhæuser* est plutôt pour catholiques, si j'en crois le poème ; *Africa* doit réjouir les porteurs de gris-gris (moins à plaindre que ceux de Panama). Notre concert finira par ressembler au budget des Cultes !

A propos de ce *Kol* — rien du caricaturiste — le violoncelliste Kerrion l'a remarquablement joué ; Salmon, néanmoins, pourrait lui donner la réplique, et aussi Vandœuvre, qui ne serait pas déplacé à celui de notre orchestre, je ne sais pas si je me fais bien comprendre. Puisse le Patron suivre un jour ce conseil (de fabrique, pour ceux qui n'ont pas encore saisi).

Mme Marie Jaëll, après *Africa*, a été rappelée trois fois par le public en délire. Auguez n'a pas été mauvais dans le Wotan des Adieux à la Walkyrie, et le Patron, frémissant, s'est ému en conduisant, emballé presque. Des ovations enthousiastes l'en ont récompensé. Mais pourquoi jouer, au mépris de toute chronologie, les *Murmures,* de *Siegfried,* avant l'*Incantation du Feu ?*

**

Le concert Colonne a été bon, na ! en dépit de son numéro treize, qui porte, dit-on, la guigne. Je me donnerai les gants — six un quart, dix-huit boutons — d'être impartiale, une fois de plus, à l'égard de ce chef d'orchestre onctueux, qui n'en profère pas moins contre moi, aidé de sa famille, les plus grotesques accusations. La quatrième *Symphonie* de Schumann a été très bien exécutée, et froidement accueillie, naturellement ! Pennequin un peu grêle dans le prélude du *Déluge,* morceau de circonstance (on a failli être noé à la sortie). Le père Delaborde, jadis l'Attila des pianos, s'est montré d'un sucré imprévu dans le concerto en *sol* de Beethoven ; il avait l'air d'effeuiller des roses ! Si l'on parlait encore de Planté Sainte-Nitouche, je me paierais le luxe d'un parallèle.

A part les cloches, qui furent dégoûtantes, *le Chasseur maudit* de Franck a bien galopé. Dans le ravissant duo de *Béatrice et Bénédict*, on n'a guère entendu que Mlle Lavigne (pas celle du Palais-Royal, pettêt'bien) ; mais la partenaire de cette opulente Ursule, Mme de Berny, mince et blonde, n'a pu que susurrer sa partie, avec des efforts Héro-ïques, qui ne lui vaudront jamais la Croix — je n'ajoute pas de Berny.

Peer Gynt a obtenu un grand succès, surtout la mort d'Aase, dont l'aasetucieuse simplicité a ému tout le monde, spécialement les admirateurs de *l'Arlésienne*, entre autres O'Divy, qui ne sera jamais Auban des vrais musiciens, car il fut un bon pèlerin de Bayreuth. Jolie, la *Danse d'Anitra*, où l'aimable Marocaine de ce nom vole Peer, suivant le conseil de l'apôtre « il faut dépouiller le vieil homme ».

C'est un petit morceau d'une grâce Loïe Fuller, je veux dire serpentine, où les altos dialoguent avec les premiers violons, tandis que les seconds violons accompagnent *pizzicato,* et que, là-dessous, murmure une phrase de violoncelle aguicheuse et câline.

Citons vite, parmi les assistants, Alix-Fournier au nez ironique, Campbell-Clarke si correct, soixante élèves de Delaborde, l'ermite Henri Mazel dont Trissotin-Masson a dit justement que, malgré un lourd bagage de science, il promène sur le vélin une plume agile qui semble arrachée à l'aile de son lutin famillier — Puck de la Mirandole.

Je vois aussi Bachelet, (retour de Rome ; tous les chemins en ramènent), Louis Gaillard, poète-peintre, et la raison sociale Alcanter de Brahm-Emile Straus qui se trompe lourdement sur les têtes que recouvre mon bonnet rose. La peinture était représentée par Aimé Morot, qui prépare, assure-t-on, un portrait de Saint-Gérôme.

25 janvier. — En ces jours, le Jeune Maître, désireux, uniquement, de montrer à tous la fécondité de l'Ecole française, fit jouer *Werther* sur les scènes diverses de l'Opéra-Comique de

Bruxelles, d'Anvers, de Lyon, de Toulon et autres lieux. Mû par le même désir, il pria synchroniquement l'Opéra de reprendre *le Cid*, et, sur sa demande, les courriéristes annoncèrent dans leurs gazettes qu'il avait en portefeuille, prêts à être joués, cinq ou six nouveaux ouvrages, parmi lesquels une *Thaïs* dont l'on dit merveille. Où il ne put figurer dans toute sa gloire, il se fit représenter jusqu'à *la Flûte enchantée*, où il tendit gentiment sa Sibyl aux admirateurs de Mozart.

Il y eut, dans *Werther*, un passage délicieux, le retour du bal, au premier acte ; page charmante, orchestrée à ravir — le Massenet du deuxième acte de *Manon*... — et puis des horreurs, une prétentieuse invocation à la nature « reine du temps et de l'espace » (ce que le compositeur fait déclamer comme *la Faridondaine)*, des plaisanteries d'éléphant sur Klopstock, un bailli gaga, deux ivrognes bêtes à faire pleurer, une odieuse petite Sophie, qui lâche à travers la pièce des chansons imbéciles — « le rayon de soleil de ce drame poignant » — sans compter le goûter des enfants, ce tableau prévu des tartines, qui en inspira une d'assez joli calibre à l'éminent compositeur.

Et il y eut encore un vrai bébé, qui poussa de vrais cris.

La presse bava d'enthousiasme. Un petit nombre seulement de critiques, dont on ne peut assez flétrir le honteux parti-pris d'indépendance, insinua que *Werther* n'était pas un chef-d'œuvre. Ce furent Fourcaud, Saint-Auban, et un troisième ; je ne saurais pour un empire vous le nommer. Ainsi, conformément au vers classique, il en est jusqu'à trois... vous savez le reste. Les malheureux ! *Le Ménestrel* les traîna sur la claie (de *fa,* celle des traîtres), et les qualifia de « critiques de la triple-alliance », sans doute pour faire oublier que *Werther* a débuté en la bonne ville de S. M. François-Joseph (*s'giebt nur eine Kaiserstadt, s'giebt nur ein Wien !)* Ils furent menacés des « médaillons » (quel est ce supplice nouveau ?), et aussi d'être passés par « les verges », verges qui, sous la plume du chroniqueur, se changèrent subitement en « épingles », sans doute par un raffinement de cruauté.

Et pourtant, malgré leur affectation d'audace, ils avaient été bien modérés dans leurs attaques, les trois misérables ! Tout au plus l'un d'eux, celui que je rougirais de nommer, signala-t-il l'identité de l'air de Werther : « *Pourquoi me réveiller au souffle du printemps ?* » et de la suave cantilène *Tararaboum de ay*, en réclamant d'ailleurs avec énergie la priorité de daté pour le jeune membre de l'Institut. D'où il appert que la vertu est rarement récompensée.

***

Autres évènements. Notre humble supplique des mois derniers a été entendue en haut lieu, c'est-à-dire dans le cabinet directorial de M. Bertrand. M. Lassalle a bien voulu rendre le rôle de Wotan, dont l'assimilation n'était heureusement point commencée, et c'est M. Delmas qui doit chanter en avril prochain, sans perfectionnements, grâce au Ciel ! Il ne reste plus maintenant, aux uns et aux autres, qu'à adopter les vrais mouvements, deviner l'exacte pensée du texte sous la traduction, s'efforcer de comprendre quelque chose à la musique et au drame. Après cela, ils n'auront qu'à chanter juste, à bien articuler les paroles, à jouer naturellement, avec les indications du Maître pour les guider, à ne point faire des points d'orgue et des ralentissements intempestifs, à ne pas pousser des cris de bêtes, à ne point s'agiter devant le trou du souffleur. Ce n'est rien, comme vous voyez ; peut-être même pourrait-on proposer une seule règle aux interprètes : faire le contraire de ce qu'ils ont fait jusqu'à présent... Quant à sentir l'intime humanité de l'œuvre, à en être profondément émus, à faire rayonner autour d'eux cette émotion sublime, immortellement créée par le génie du musicien-poète, je n'ose exiger d'eux tout cela, n'étant pas atteinte de la folie des grandeurs.

29 janvier. — Malgré l'exode de mélomanes éminents à Lille-en-Flandre, où le Hollandais Errant Cobalet a contracté un rhume épouvantable à force de naviguer, le Cirque était fort convenablement rempli. On se montrait Edouard Dujardin, en lunettes et gants gris-perle, le comte Stanislas Rzewuski (prononcez Jevouski) que rze vois tourzours avec rzoie, Stephane Mallarmé, auditeur au rêve habitué, et quantité d'amateurs de bonne musique.

La *Reformation-Symphony*, gaie comme la confession d'Augsbourg qu'elle fut destinée à fêter — inutilement d'ailleurs — a été écoutée dans un marasme général, et exécutée avec un soin particulier. A l'*Andante*, musique huguenote, d'un monsieur Calvin triste, personne n'essayait plus de luther, y compris le Patron qui nous Servet ces quartiers de vache à Colas ; et le choral inéluctable à mélanchtonné fort anachroniquement. Je demande qu'on le remplace par l'hymne russe. Cette Réforme-là vaudrait bien l'autre ; mais, après tout, chacun est libre de la juger à sa Guise. On sait qu'elle fut publiée après la mort de l'auteur. Oserai-je regretter qu'on n'ait pas attendu, pour la jouer, mon propre trépas ?

Une sérénade sans défaut vaut seule un long bohème, et celle de Dvorak, musicien du quadrilatère, a paru en effet un peu longue. Elle est gentille pourtant, fraîche d'idées, et les élégantes habituées du parquet l'ont avalée avec une dvoracité louable. Contrairement à l'ordre natu-rel des choses, elles ont été touchées par ce tchèque.

Mme Kara Chattelyn a joué avec ses épaules, son buste, ses coudes, ses pieds et même ses mains, un concerto de Grieg, plein de feu — de feu griegeois — où Reine a été merveilleux, et qui m'a arraché des griegs d'admiration. D'ailleurs, l'interprète est une véritable artiste, et puis elle avait une bien jolie robe rose qui lui donnait l'air d'une petite poupée hygrométrique à changement de couleur.

Auguez, ami du « quorum » continue à grossir le nombre des Wotans. Les *Adieux* ont été menés un peu lentement, et puis, que diable, pourquoi ne pas prendre les instruments néces-saires ? Je m'entends, si je ne les entends pas, hélas ! N'insistons pas sur les merveilleux *Murmures de la forêt*, — on sait ce qu'ils valent (weben), — où rêve le ministre du commerce, étendu sous un arbre. L'ouverture de *Tannhæuser* a superbement retenti ; un compliment à Mimart-Vénus.

A propos de *Tannhæuser*, une grosse nouvelle : le 26 février, le 3ᵉ acte sera exécuté intégralement au Conservatoire, in-té-gra-le-ment, par Renaud, Saleza et Mme Bosman. Bravo, Taffanel !

**

On ne s'est pas ennuyé, au Châtelet, je vous en réponds ! Après la dernière partie de *la Vie du Poète*, une demi-douzaine d'esthètes furibards, que ce pessimisme montmartrois exaspérait, ont vociféré des imprécations de premier choix et lancé plusieurs coups de sifflet bientôt couverts par les acclamations des amis de Charpentier. La poussière montait vers le lustre. Des faces congestionnées s'empourpraient encore. Des injures venimeuses volaient. Ça m'a rappelé la tenue de la Chambre quand M. Delahaye monte à la tribune. Après une belle résistance, les opposants, traités de « Prussiens fangeux » par Bourgeois, violoncelliste irascible, furent écrasés, et les musiciens de l'orchestre traînèrent l'ami Gustave, sur la scène, par les cheveux. Comment auraient-ils fait, si *la Vie du Poète* avait été signée Arthur Meyer ?

Je ne fais que mentionner, au hasard et au galop, Messager, un bouquet de chrysanthèmes à la boutonnière, les homérides Jules Méry et Victor Melnotte, Camille Andrès, organiste placide mais altéré, et son *alter ego* le poète Léon Durocher, Paul Fournier très en beauté, Jean Gounod qui peint, Gabriel Fabre qui écrit, Beaubourg que je lis, d'Indy que j'aime !

Quant à *la Vie du Poète*, autobiographie-symphonie-drame en quatre parties, avec ses poésies d'une aveuglante saintpolrouxmagnificence, ses trois cents trompettes de l'Incantation, ses fanfares canailles du Moulin de la Galette et ses cris de femme dans la coulisse, trop fidèlement imités pour qu'il n'y ait pas de substratum, je vous en parlerai la prochaine fois. Aujourd'hui, je suis trop lasse encore de mon voyage à Lille, où le champagne coulait en suffisante quantité pour mettre à flot le Vaisseau-Fantôme : le plus sympathique des éditeurs de musique, j'ai nommé Durand, amphitryonnait avec somptuosité non seulement les interprètes du drame wagnérien (M. Soubeyran qui a la voix moins riche que le nom et M. Cobalet subitement guéri de son rhume par la nouvelle que Devoyod allait jouer, à sa place, le rôle du Hollandais), mais d'aimables journalistes lillois, MM. de Manet, Buallat, Lagrillière, auxquels s'étaient joints Alexandre Georges, toujours beau, toujours blond, l'érudit Kufferath, terreur des antiwagnéristes brabançons, le compositeur franc-comtois Ratez, nos confrères Valin, du *Petit Journal,* Stoullig du *National*, Willy du *Chat-Noir* (ou de la *Revue des Deux-Mondes*, je ne me rappelle plus), à qui le galant Oscar Petit, directeur du théâtre de Lille, a remis cinquante kilos de gauffrettes locales, pour une jeune personne que nous aimerions toujours voir avec nous au cours de nos déplacements et willygiatures.

P. S. — Un ami de Charpentier m'engage à

me procurer les partitions piano et chant de *la Vie du Poète* et du *Cid* (c'est fait) et à comparer la page 247 de celle-ci avec la page 68 de celle-là. Ce sera pour une autre fois.

5 février. — Nombreux vides chez le Patron, par suite du beau temps et de la *Vie du Poète*, exhibée à la maison qui est au coin du quai. On remarque pourtant dans la salle l'Islandais Guy Ropartz, las d'avoir sifflé avec fureur la musique de Charpentier l'autre dimanche ; Jacques Durand, que je suppose éditeur de Dvorak, d'après l'exubérance de son enthousiasme pour la sérénade de ce Slave (*la Montagne Blanche* — voir le programme — accouche parfois d'une souris, d'ailleurs gentille) ; Hüe un peu triste, (pourquoi, mon Georges ?) Jullien Adolphe (j'aime mieux Jean, le franc critique à la barbe noire filigranée d'argent), le bon esthète aux yeux gris clair, Geffroy, redouté du muffle, mais qui poursuit son Carrière, versant des torrents de lumière, etc., (la suite est dans toutes vos mémoires).

La symphonie en *fa* de Brahms est une fort belle chose. Après le premier morceau un peu froid tout de même, j'ai cru qu'il s'établissait dans la salle un courant hostile à l'œuvre ; mais le Patron l'a remonté à force de brahmes, et l'*andante*, grâce aux applaudissements obstinés de Lazzari et d'un critique de mes amis que la pudeur me défend de nommer (c'est Ernst, ne le dites pas), s'impose au respect des plus hésitants ; enfin, au dernier accord du finale, terminé par un délicieux effet de sourdines, les bravos éclatent, unanimes, ou presque.

Un incident : après la tempêtueuse ouverture du *Hollandais-Volant*, l'opéra que René Benoist partit ouïr trois jours trop tôt, à Lille, ce dont malicieusement j'ai ri (Legrand) — un trombone inassouvi (quel appétit, bon Dieu !) hurle deux notes dans le silence général. Le Patron bondit comme un diable de sa boîte, et lance au coupable, de bas en haut, un de ces regards ! Mais une douce hilarité — rédemption d'un nouveau genre — se répand dans la salle et apaise les tempêtes de sa colère.

**

**

Foule, à la Concurrence. (Suis-je impartiale, le suis-je assez, hein ?) Dans la loge avoisinant celle de la famille Colonne, la famille Gounod s'épanouit, avec, dans son vieux sein, le fâcheux Guillaume Dubufe ; en face, la Krauss et sa pianiste de nièce, Clara Gurtler ; aux places moins chic : Hamelle, spécialiste en fait de calembours, l'Œdipe des cafés du boulevard Malesherbe ; Fournier, auteur d'une *Stratonice*,

morte, hélas ! à la fleur de l'âge ; Léopold Dau-
phin ; Lélio Welsch ; Falkenberg, venu pour les
Variations, de Saint-Saëns ; Ponchon, « pâte
exquise et sent le vin » ; Thomé, dont la musique pour les Galipettes d'une *Soirée chez le
sous-préfet* est vraiment gentille ; Massiac, hon-
teusement exilé au parterre ; le fauve Lucien
Hillemacher, qui demande où l'on se procure
Bains de sons (chez Simonis-Empis, parbleu !)
un lot d'anarchistes dont les chevelures ter-
rorisent la bourgeoisie ambiante, les explosifs
compagnons Jules Méry, Brau, Mercier, Ayer...
et Paul Masson.

Cantié a un succès épique dans la *Suite* du
père Bach ; mais il devrait bien apprendre à
saluer, il a un peu l'air d'un ours qui remercie
d'un petit pain. Colonne, toujours hiérarchique,
délègue Pennequin pour tourner les pages de
Diémer, et un *ripieno* quelconque pour Risler.
Le public, lui ne fait pas tant de différences. Le
thème de ce qu'ils jouent est de Beethoven, les
variations de Saint-Saëns, les pianos de la maison Pleyel.

Abrutissante, l'ouverture de *Tannhæuser* ainsi
gâchée ; ces trombones - pèlerins méritent
l'échafaud.

La Vie du Poète est applaudie frénétiquement.
Charpentier, souviens-toi que tu n'es qu'un homme ! Mlle Tarquini d'Or, qui n'est qu'une femme, a une bien belle robe rouge. Parmi les plus

enthousiastes, on admire Gounod, projeté hors de sa loge par l'élan d'un délire imprévu, le violoncelliste Bourgeois, enroué de crier *bis* (heureusement, Dreher est proche), et Lutaud, préfet de la Sarthe, qui insoucieux du sort de Barrême, abandonne le Mans chaque fois que l'on joue du Charpentier à Paris. Quand donc, pour ce fonctionnaire, la Sarthe sera-t-elle une vérité ?

Dans la première partie, les trompettes ont poussé des *fa dièse* mirifiques ; mais le son des cloches reste aussi pénible qu'inexpliqué. Dans le *Doute*, Baretti ne s'abstient pas ; je serais, d'ailleurs, mal venue à me plaindre « de ses longs soupirs de violoncelle. » Quant au « solo d'une étoile », il est confié à la harpe. Pour Cantié, il flûte à l'instar du rossignol dans la scène suivante.

Dans la quatrième partie, *Ivresse* — à Mont-me-er-tre — triangle, petite flûte (le *piccolo*, au Moulin de la Galette, était naturellement indiqué), trombones saouls, pistons avec saoûlrdines le Poète aussi est saoûl, si j'en crois le texte, dû au moderniste Gustave, comme la musique. Un seul sifflet, douze minutes d'applaudissements, coups de cannes sur la petite goutière de la rampe ! Le mobilier est assuré, la voix de Colonne l'est moins lorsqu'il vient annoncer au peuple en démence, qui réclame le compositeur sur l'air des *Lampions*, que « Monsieur Charpentier a quitté le théâtre. » On se décide à faire comme lui.

12 février. — Pour un concert de dimanche gras, le programme du Cirque d'Été a paru un peu maigre. Aussi, Georges Boyer avait pris soin de le corser, dans son Courrier des Théâtres, en y adjoignant la *Sérénade* de Dvorak, que les lecteurs du *Figaro*, accourus en foule, ont vainement attendue.

On a bien joué, presque trop bien, la suite de *l'Arlésienne* : « un Bizet, c'est si douce chose, » chantait Montbazon dans *la Mascotte*. A ce propos, Raymond Bouyer soupirait, avec des yeux d'extase : « C'est de la dentelle. »

Peu de succès pour la belle Symphonie en *fa* de Brahms ; ça manque de coups de poing ; rendons justice à la loge de Robert de Bonnières, où Magnard fils et Poujaud ont énergiquement applaudi.

Le public se dégèle au *Vaisseau-Fantôme* : deux salves d'applaudissements rendent hommage à la furie des cuivres maudits et à la suavité du hautbois rédempteur. Chabrier se distingue par son enthousiasme, et semble aussi joyeux que s'il était sauvé par Senta. Non loin de l'auteur de *Briséis*, on remarque le Justicier

Gustave Geffroy, également brisé (is) par les émotions du bal de l'Opéra ; Albert Montel, qui prépare pour *le Voltaire* un formidable dithyrambe en l'honneur des *Bains de sons*, indispensables à l'hygiène de tous les musiciens ; Jules Jouy, qui se déplume ; le Daily-télégraphiste Campbell-Clarke ; le colonel Mannheim, spécialiste en cinématique, qui peine à établir les points principaux de fuite et de distance ; Henri de Régnier, dont Kahn, bien à tort, chine les chevaliers « d'embrun et d'emprunt » et qui, naguère, compara Huysmans à une chèvre.

Notre orchestre a perlé *Siegfried Idyll* : l'auditoire a un peu dormi. Vient alors la sélection des *Maîtres Chanteurs*, où suivant la crevante trouvaille du fossile Barbedette, « M. Lamoureux a eu le bon goût de supprimer l'ouverture. » Il a aussi supprimé, comme dimanche dernier, le Glockenspiel, mais ce n'est pas le trilobite en question qui s'en serait aperçu. Est-ce qu'en accueillant cette prose pétrifiée, le courageux *Ménestrel* compterait sur la réalisation du proverbe menteur : « Qui paye ses barbedettes s'enrichit ? »

Sur la foi d'une de mes collègues du Châtelet (quelle boîte !), je vous disais l'autre jour que Guy Ropartz avait sifflé dans *la Vie du Poète* l'orchestre paysagiste : note de l'herbe, accords de la forêt, tremolos du vent sivoriste qui tend « son archet puissant sur l'ombre diffuse », lamentos violoncellistes du saule et clair solo d'étoile. C'est faux comme la voix de M. Lassale, qui accroche chez lui des ex-wotans. Je tiens d'autant plus à faire cette rectification que la tête du compositeur de *Viaud d'Islande*, Pierre Loteau, lieutenant de vessie, était déjà mise à prix par les amis de Gustave Charpentier, ces féroces de brasserie — les ogres du Petit-Pousset.

Puisque nous parlons de musiciens — une fois n'est pas coutume — cueillons une phrase de Massenet, qui, rendant compte du succès (??) de l'opéra-pommade dont le héros pleurard est ce « Werther amoureux d'une étoile » confie à un interviewer (ther) de *la Revue illustrée* : « Je songe à mes illustres ancêtres, à Bach, ce géant ! à mon vénéré maître, Ambroise Thomas ! » Quelle salade, quel bric-à-Bach !

Une énorme nouvelle : le ministère de l'Instruction publique vient de souscrire à mille exemplaires des *Etudes et Biographies musicales*, d'Eymieu. Fichtre ! On dit que Widor pavoise ses fenêtres.

Je constate, à la sortie, la présence du ténébreux Henry Kerval (Kunkelmann pour ces dames) et aussi que les jours augmentent. Ça n'est pas comme les pourboires.

19 février. — *Cosas de Espana !* Toute la colonie transpyrénéenne transpyre au Châtelet pour applaudir Sarasate, espagnol comme la *Symphonie* de Lalo, le député Lafargue et les vaches qui parlent mal le français. Ce violoniste ibérique joue du violon, c'est son métier, les auditeurs se pâment, c'est leur rôle, et Colonne sourit béatement, c'est son habitude. Public de gens du monde, panachés de rastas, qui n'a pas l'air de comprendre grand'chose à *la Vie du Poète* et ne dodeline de la tête qu'aux harpes — bruit imperceptible et qu'un rien nous voile — de « la Nuit splendide ». Le voisin d'Adolphe Jullien bâille, celui de Tiersot somnole, celui de Masson s'endort. Mais les deux Paul — Braud et Bergon — éclatent en bravos ; Gaston Paulin approuve, et le fusilier Engel fils, tout heureux d'être déprovincialisé, ouvre des yeux ravis, quand le violoncelle solo chante « la nuit calme et tendre. »

J'ai remarqué qu'au moment où le poète, rempli de petit bleu, déclare « qu'il est saoul », Charpentier a souligné cet aveu dépouillé d'artifice d'une dégoulinade de trombone chromatique et scandaleusement imitative. Passons...

***

La symphonie en *la*, nous apprend le programme de notre Cirque, est la septième de

Beethoven. Allons, tant mieux ! Comme ren-
seignements artistiques, c'est un peu maigre ;
pour les compléter, j'ajouterai que ce n'est plus
Hummel qui tient la grosse caisse ni Meyerbeer
les cymbales, comme en 1813. Un peu de bafouillage des seconds violons dans le dernier
morceau, à part cela, très bonne exécution, surtout dans le merveilleux *allegretto*, et le superbe
scherzo, où les cors se sont distingués. Je blâme
seulement messieurs les instrumentistes du petit
orchestre à vent, qui profitent des pauses pour
causer avec excès — sans doute du grand concert que notre Houfflack donne demain, sous la
haute direction du petit Bretonneau (Ce n'est
pas le pseudonyme de l'armoricain Guy Ropartz).

On a frénétiquement applaudi et quatre fois
rappelé Mme Essipoff, tout de noir habillée, qui
a joué avec une virtuosité foudroyante l'acroba-
tique *Fantaisie hongroise* pour piano et orchestre, de Liszt. Et quel orchestre ! pittoresque,
invraisemblable, fou. Ça a l'air d'être exécuté
sur la corde raide, à vingt-cinq mètres au-dessus de la liszt — pardon, de la piste. Quant au
jeu de la pianiste, il est si perlé et si brillant, et
si énergique et si — poff ! (je ne trouve plus
d'autre épithète...)

Je n'ai rien de caché pour vous ; aussi sachez
que le même jour, à la même heure, la même
Fantaisie était jouée par Philipp au concert de

l'Association artistique angevine, si bêtement ratissée de 4000 francs par des politiciens locaux, mais ineptes.

Un mot seulement sur l'ouverture de *Manfred* — Chevillard le schumaniaque me le pardonnera-t-il jamais ? — c'est byronien, c'est beau, c'est bien beau, mais... « mais je ne sais pourquoi je baille en l'écoutant ! »

Rien de particulier au sujet du prélude de *Parsifal*, sauf un peu de hâte d'un violoncelle à la fin du premier thème. La *Danse macabre* marche bien ; les cuivres partent même si bien au grand *fortissimo* que beaucoup d'auditeurs, peu versés dans la musique de Saint-Saëns, font de même, croyant que c'est fini. Des cris d'indignation les obligent à se rasseoir, penauds, et l'on écoute le petit solo terminal de Houfflack, qui attire toujours les bravos (Houfflack l'aimant, disait un Génevois sans pudeur). Lors, chacun s'en va de la salle ronde ; on se pousse, on fuit ; le coq a chanté. Oh ! le bon concert pour le pauvre monde. Vive le Patron ! Vive la gaîté !

Peu d'auditeurs illustres (la Nationale est en Belgique, peut-être à la poursuite d'Arton) : cependant je citerai Geffroy, décidément vissé chez nous ; tu as raison, va, Gustave ! Pour te récompenser, je rappelle que l'interviewer Huret te décrivit naguère : « ...légère barbe noire, fine moustache, front intelligent, voix musicale... »

ô doux passionné ! (avis au sexe). Je note encore
un premier prix de piano du Conservatoire, Mlle
Eytmin, que nous espérons bien applaudir un
jour ici même — eytmine d'or pour les concerts
qui lui ouvriront leurs portes ! — Et je nommerai enfin Bouchor le bouddhiste, et Blowitz, hor-
rible à voir. (Je commence un roman, imité de
Walter Scott, qui s'appelera la *Jolie Bille
d'Oppert.)*

23 février. — Donc, M. Lamoureux organisa
quatre concerts bon marché, pour s'attirer les
bénédictions des mélomanes besoigneux à qui
le taux de nos places dominicales interdit l'ac-
cès du Cirque d'Eté.

La première de ces séances à prix réduit —
et à orchestre également réduit — vient d'avoir
lieu devant un public, ma foi, très suffisamment
nombreux. Et enthousiaste, je ne vous dis que
ça ! Rien qu'à voir le Patron apparaître, il a
battu des mains. Pour comprendre cet embal-
lement prématuré, il faut savoir que des bruits
inquiétants avaient couru ; on prétendait que
l'orchestre serait dirigé par Chevillard, et
dame... N'allez pas croire, au moins, que je
veuille déprécier la Perle des Gendres, mais à

tort ou à raison, c'est le beau-père lui-même,
c'est lui seul,

C'est sa poire,
Sa poire (bis)

comme on chantait jadis, qu'il faut à cette foule
de petits bourgeois, de petits élèves du Conservatoire, de petits pianistes, de petites gens
accoutumées aux petits pourboires, hélas !

Peu, très peu de têtes connues : sauf Joly,
directeur de *la Grande Revue*, le jeune Berr,
non de Turrique, mais, ce qui vaut mieux, de
la Comédie-Française, et Sigismond de Stojowski, compositeur blond cendré, je n'ai guère
distribué mes programmes vert-épinard qu'à
des mélomanes ne valant pas l'honneur d'être
nommés : innombrables pianistes de tout sexe,
de tout âge, de tout poil, venus pour acclamer
Diémer ; à quelques prêtres somnolents ; à une
demi-douzaine de polytechniciens éveillés ; et à
deux Chinois déguisés en Européens, graves,
acaules, — après tout c'étaient peut-être des
Japonais.

La deuxième Symphonie de Brahms, à coup
sûr ces braves gens la croient bonne, mais le
moindre morceau de bravoure pour piano seul
ferait bien mieux leur affaire. En vain, dans
l'*Allegro,* le cor lance la gaieté de ses appels
sonores ; en vain, les violoncelles chantent l'a-
dorable *Adagio;* malgré la piquante valse cham-

pêtre, malgré les deux variations libres sur ce thème *(quasi andantino* et *presto)* l'admiration. hésite, les bravos tardent, il faut la puissante allégresse du finale pour les arracher.

— Madame, me dit un vénérable « parquet » à cent sous, Madame, est-ce qu'il est gravé, ce joli adagio en *ré ?*

— Oui, Monsieur, il est joli, il est gravé, mais il est en *si.*

— Tiens, le programme prétend que la symphonie de Brahms est en *ré.*

— Ça n'empêche pas.

— Extraordinaires, ces compositeurs norwégiens !...

Merveilleusement exécuté, mais là, merveilleusement, le concerto en *la* de Schumann. Diémer s'y couvre de gloire. Notre orchestre itou. Ah ! la phrase enlaçante de l'Intermezzo ! Quand je l'entends, il me semble qu'une brise printanière agite les brides de mon bonnet rose, ma jeunesse repasse devant mes yeux ; alors, je regrette mon bras si dodu, ma jambe bien faite et le temps que je n'ai pas perdu ; je rougis en regardant le Patron ; allons, tais-toi, mon cœur...

Dans l'élégante *Rapsodie norwégienne* de Lalo, nos violonistes démanchent comme autant d'Houfflack, c'est splendide. Et le hautbois mériterait d'être embrassé sur les deux joues. Dis donc, hé, Colonne, faudra venir, un jeudi, écouter chez nous ronronner le *Rouet d'Omphale*. il ne t'en coûtera pas un maravédis (je préviendrai Ulysse Bessac de ne pas t'arrêter au contrôle) et après avoir entendu nos chanterelles dans l'op. 31 de Saint-Saëns, tu comprendras quel dégoût m'inspirent les râcleurs que tu conduis d'une façon véritablement Thom... hum ! véritablement omscéne.

Réapparation de Diémer, en liberté, sans orchestre. Pour lui laisser l'aisance des coudes, M. Lamoureux a envoyé une trentaine d'exécutants voir, au bois de Boulogne, si le printemps s'avance, et juché les harpistes au milieu des violoncelles. Aussi, le pétrisseur de clavier s'en donne ! Après une *Orientale* de son cru, on l'applaudit par politesse. Après la délicate *Fileuse* de Stojowski, on l'applaudit avec entrain. Après sa foudroyante exécution de la *Rapsodie hongroise*, on l'applaudit frénétiquement. Un morceau de plus, et la foule en délire fracassait les banquettes. Le pianiste aux cent mains sourit, salue, s'en va, revient, resourit, resalue, reçoit du Patron un chèque... attendez, un shake-hand, et disparaît, pour changer de chemise.

Il y a des gens qui aiment la *Fête Bohème* de Massenet ; ça fait boum ! boum ! et taratata ! si, du moins, pendant que ça sévit, on faisait danser la Goulue !

26 février. — Nous avons eu beaucoup de monde ; forte recette, programme faible. L'*Ouverture de Coriolan* a été fort bien exécutée, malgré le dire du *Monde Artiste*, qui prétend que nos mouvements menés cahin-caha sont « carriolants », et qui ajoute : « comme dirait l'Ouvreuse » (Jamais !). J'observerai seulement que le Patron a l'air de jouer à pigeon-volsque.

Le public ne paraît apprécier, dans la *Symphonie en si bémol* de Schumann, que le *larghetto* ; il a tort. Un petit malheur aux instruments à vent, dans le *scherzo ;* ils se sont piqués au jeu, par contre, dans l'*allegro* final, où, après le duetto des cors, la rentrée de flûte a provoqué des frétillements de satisfaction chez la comtesse Viviane de Brocélyande.

Comme dimanche dernier, Mme Annouchka (soyons Russe) Essipoff était en noir et en verve, mais pourquoi, après le *Concerto* de Saint-Saëns, nous servir une *Berceuse* de Chopin qui exigerait des cornets acoustiques pour être bien goûtée, et une pénible *Mandolinata* d'un Leschetizky qui était, il est vrai, son mari, pour laquelle on se mettrait volontiers du coton dans la trompe d'Eustache. Ainsi que Pompéi, notre Cirque est envahi par les slaves.

Pour ne pas perdre le Nord, le patron conclut par la fâcheuse « *Polonaise* », de *Struensée*, délices du seul Pougin ; comme ce critique sympathique aux jeunes opérait au Conserva-

toire, je ne vois pas la nécessité de cette exhu-
mation *tapageando maestoso*, assez bruyante
pour étouffer les colloques des conspirateurs
acharnés à la perte du Docteur Struensée (de
l'Université de Copenhague).

Par suite de la proscription des harpes (trai-
tées comme le Coriolan ci-dessus) Mlle Taxy,
inoccupée, brillait aux premières. A signaler
aussi Mme Pasca, le docteur Pietri, et l'esthète
Griveau. Demain, Paul Bergon me l'a dit en
confidence, notre orchestre accompagne Mlle
Marie Panthès, l'excellente pianiste, à la salle
Erard.

✱

Le concert d'Edouard, consacré à l'audition
de *Amsterdamsch wynand focking van Zuyder-
sée a capella Koor*, était enrichi de la *Symphonie pastorale*, du *Chasseur maudit*, du *Concerto
en ré mineur*, de Bach, et attristé de fragments
trop étendus du *Jocelyn*, de Benjamin Godard.
Dans l'andante de la *Pastorale*, bafouillage
sévère ; pendant la Danse, traditionnel couac
du cor. Au *Concerto*, je remarque avec satisfaction que le jeune Delafosse est en jaquette,
pour bien montrer qu'il n'est pas sorti de l'enfance ; il joue si puéril, si menu, que Colonne
lui dit tout haut : « Bébé, n'aie pas peur de ta-
per ». En conséquence, il tapa.

Immense succès pour les Hollandais, qui

chantent à ravir des choses superbes. Si Colonne ne les décide pas à repiquer dimanche, je lui
retire toutes mes faveurs. Ainsi, gare ! On les
applaudit, on les réclame à Koor et à cris, on
bisse *Petite Camusette*, de Josquin des Prés. Ils
sont épatants. M. Daniel de Lange, directeur
de ce *Schiedamsch a capella Terront*, pardon,
Koor, conduit bien, mais si sec et si dur, qu'il a
l'air de s'escrimer contre un ennemi invisible.
C'est Lange exterminateur, pour sûr.

₊

Au Conservatoire, glorieuse séance. Enthousiasme fou pour la *Pastorale*, cette vieille amie,
éternellement jeune, comme la Nature...

*Quand tout change pour nous, elle reste la même
Et Lamoureux-soleil la dirige toujours.*

Une petite, toute petite incertitude du cher
Brémont, pourtant si habile, dans le *Scherzo*, et
un mouvement un peu trop rapide, au milieu de
l'andante. Les trois oiseaux, le coucou Turban, la
caille Gillet et le rossignol Henebains, gloussent
à mourir de rire, mais si bien qu'on a envie de
leur offrir du millet. Le troisième acte de
Tannhæuser est enlevé avec enthousiasme ; les
violons, au *tremolendo* du passage : « *Je viens
à toi, déesse aimée* », se jettent sur le *fa dièse*
comme la misère sur le pauvre monde. Ça fait

plaisir. Adolphe Jullien exulte, Tiersot flamboie, Coquard approuve, Ernst pleure, Bellaigue fait des mots, Thomé observe, René de Récy objecte et Pougin se réserve. Pas assez vite, le chœur des femmes, mais l'ensemble très bien tout de même, très ferme, très ardent, très emballé. On nous a changé notre vieille Société, voyez-vous ! Dans l'auditoire, M. Carnot et sa dame, Harpignies, qui est devenu d'un wagnérisme féroce, Aristarque-Dukas ; il ne manquait que la princesse de Metternich. On acclame l'orchestre, son chef et les chanteurs : Saléza, retour de Rome (et de Carthage) ; Mme Bosman, qui a survécu à *Stratonice*, et Renaud, pour qui toute la salle a eu les yeux d'Armide...

2 mars. — Décidément, nos concerts du jeudi font fureur. Les auditeurs sont arrivés au Cirque d'Eté si nombreux, que je n'ai pu placer aux premières, comme je fais d'habitude, le directeur de la *Revue de Paris et de Pétersbourg*, venu pour entendre sa quasi-compatriote Essipoff. Il a dû grimper là-haut, tout là-haut, près du mystérieux Henri Desroches,

Voyez près de Desroches
Ce brave a l'œil brillant et hardi,

qui va être très vexé que je le dénonce comme
le traducteur d'un *Carnet de jeunesse du prince
de Bismarck*, autour duquel on fait tapage dans
le monde diplomatique. Dans une loge s'épanouit Gabriel Marie, capellmeister du Grand-
Théâtre, navré de voir Gaud, Yann, et les
pêcheries d'Islande dédaignées des terriens —
ô tempora, ô morues ! — en dépit des triom-
phes rêvés par le bon musicien breton qui
s'apprêtait à dire *quorum Ropartz magna fui*.
Le docteur Pietri trouve mauvaise mine à l'ami
René Benoist, cru si longtemps, à tort, l'auteur
des rosseries que signa « l'Abbé de Chazeuil »
M. Raphanel, grand amateur de pseudonymes,
opérant aujourd'hui à *la Plume* derrière le faux
nez de Giboyer. En revanche, la santé florissante
(oh combien !) de l'opulente Mlle Devoyod,
placée non loin de lui, ne saurait inspirer aucune
inquiétude. Je citerai encore le jeune comique
Heurteaux qui fait moins de bruit, au Palais-
Royal, que son voisin le canon.

Vous n'allez pas me croire, et pourtant je vous
jure que le concert a commencé cinq minutes
après l'heure fixée ! Je n'en revenais pas ! C'est
la première fois, depuis que je connais M. Lamoureux. Aussi, pour compenser cet incroyable
retard, je ne serais pas étonnée si la prochaine
séance s'ouvrait, dimanche, avec une avance
d'un bon quart d'heure. Quoiqu'il en soit, la
Pastorale fut exécutée ainsi qu'aux plus beaux

jours, malgré une très légère tendance à la mollesse dans le premier morceau, vigoureusement combattue par le Patron ; la tempête éclate, annoncée par le sombre *ré bémol* imprévu des basses qui disperse la kermesse. Hurrah pour les cuivres ! Tout Paris, j'en suis sûre, pour ce beau cor de Reine a les yeux de Ruy Blas. Les applaudissements crépitent, au risque de contrister M. Alfred Mortier qui, dans *le Mercure de France*, déclare « d'une portée contestable » ce paysage qui semblait à Berlioz — moins difficile que le jeune Alfred — « composé par Poussin et dessiné par Michel-Ange. »

Tonnerre de bravos après la *Fantaisie hongroise* de Liszt, aux exubérances fougueuses, où résonne l'héroïque souvenir de la Marche de Racoszki. Le jeu foudroyant de Mme Essipoff couvre les cymbales maniées par le jeune Bretonneau, couvre le triangle, couvre la grosse caisse ; il couvrirait un emprunt turc ! Les spectateurs en délire se lèvent. Ils sont plus rassis pour la *Sicilienne* de Bach. Disons-le, l'artiste ne remporte qu'un succès d'estime avec l'*Etude* de Leschetezky, son défunt mari, bon russe, bon époux, compositeur modéré. Une mazurka de Chopin, adorable et adorablement perlée, vaut trois rappels à la brillante slave ; picoti, picota, trois saluts et puis s'en va.

Au prélude du trois de *Tristan*, il manque quelques petites choses : d'abord la mer grise dont les vagues indifférentes battent la rive de Caréol ; puis, Tristan que le glaive de Melot torture moins cruellement, Iseult. que ton absence ; enfin les soins fidèles de Kurwenaal ; mais nous avons le cor anglais où Dorel, impeccable et cramoisi, souffle la vieille chanson, *Die alte Weise*, dont la fantasque mélancolie berce les souvenirs enfiévrés du héros. On l'applaudit avec fureur ; il passe au rouge cerise, baisse les yeux, salue modestement et s'éponge, car il transpire comme un secret confié à M. le juge d'instruction Franqueville.

Energique et tumultueuse exécution de l'Ouverture de *Tannhæuser*, coupée d'incidents. Avant d'attaquer le motif « Vénusien » (Elcar invenit) si gaillardement lancé par l'amant de la déesse, — vous savez, la chaude, très chaude phrase en *si* — Houfflack change de violon, puis le Patron s'agite, jette des regards féroces sur les Barbares qui endossent leurs paletots en jacassant, siffle des *psitt* gros de menaces, et, comme le bruit ne cesse pas, flanque un terrible coup de bâton sur son pupitre. Stupeur. L'orchestre s'arrête net. Un prêtre qui se trouve là (en plein carême, Monsieur l'abbé, c'est léger !) exquisse le signe de la croix, pas rassuré. Les fillettes se blottissent sous l'aisselle maternelle. Lors, assuré que tous les bavards, domptés, courbent la tête, Lamoureux-main-de-fer fait repartir nos musiciens, et termine au milieu d'un

silence craintif et d'un ordre comme il n'en rè-
gne que dans notre Cirque, ou à Varsovie.

**

5 mars. — La *Symphonie en ut mineur*, chez
Colonne, a été fortement cahotée. On se fût
cru à la lecture, désormais historique, de la
Walkyrie à l'Opéra, le soir où Edouard, pion
conspué, dut porter plainte à Bertrand, principal de ce collège en révolte. Après ce bousil-
lage, le Petit Pennequin a relevé la moyenne
en jouant — et ma foi bien — une *Fantaisie* de
Georges Hüe : ça débute par une introduction
attaquée par le violon solo et suivie d'un très
gentil andante en *la* mineur (suis-je renseignée !)
attaché — avec des saucisses et une courte cadence — à un très vif mouvement en *ut*, ma
chère ! A la fin, quelques mesures rappellent
l'introduction. Le public, lui, rappelle Pennequin.

Je passe sur les *Scènes d'Enfants* du maître
Schumann, orchestrées sans aucun intérêt par
l'élève Godard (il était dans la salle, et avait
l'air de prendre pour lui les bravos), et j'entre
dans *le Désert*. Mlle Renée du Minil — *vox cla-
mantis in Deserto* — semble si outrée de la façon
dont le cheik (rien de Panama) Edouard-ben-
Colonne met la mesure sous ses « talons »,
qu'elle se met à la battre elle-même, avec sa

tête et sa partition. Ses admirateurs, dont Holmès, ont l'air de boire du lait — du lait du
Minillet, sans doute ; du reste, elle avait une
robe crème. Pour plus de couleur orientale, on
signale au balcon la présence d'un certain nombre de chameaux.

***

Pour nous, au Cirque, nous avons cru que le
concert ne finirait point. Un *concerto*, de Max
Bruch — auteur qui ne me plaît guère que par
contuMax — n'a fait que précéder un *concerto*,
de Rubinstein, littéralement crevant. Comme il
est en *sol*, les idées en ont paru plates. Dans
celui de Bruch, notre Houfflack a remporté un
véritable triomphe ; dans l'autre, qui est si pénible, Mme Sophie Menter a plutôt rasé l'auditoire. Cette pianiste, qui arrive de Vienne, *via
Golconde*, ressemble à la devanture de Lère-
Cathelain : croissant en brillants dans les cheveux, rivière de diamants compliquée de deux
rangs de perles, libellule en pierreries à l'échan-
crure d'un corsage fictivement décolleté (je
m'entends), deux médailles de sauvetage grand
module, et sur la robe en faille, des Niagaras
de jais blanc. Ces opulences ont fait paraître
plus pauvre encore la musique de Rubinstein ;
Bruneau en bâillait, et Broustet en dormait
comme un loir (loir immortel de nos aïeux !).
Berardi, venu seulement pour son compatriote

Houfflack, s'échappe en franchissant les sièges, un vrai steeple-chaise. Vanor se console en flirtant avec sa voisine. Etienne Azambre, peintre à velléités mystiques, et O' Divy Saint-Auban « aux yeux de turquoise » (comme l'Henriette à Albéric Magnard) traitent avec passion la question de l'antisémitisme. Une forte partie du public, afin de savoir si les gauffres méritent toujours leur vieille réputation, s'engauffrent chez Grüber, laissant jouer à pigeon-vole sur son clavier Sophie-Patte-en-l'air.

J'allais oublier l'*Ouverture de fête*, de Brahms. Ça est une toute petite fête, observe le fauve Camille Lemonnier, accoutumé aux kermesses du pays de Rubens ; effectivement, écrite pour une solennité académique, m'apprend l'aimable professeur Hauvette-Besnault, c'est bien de la gaîté universitaire, avec un faux-col. Chabrier en était tout mélancolique, lui, l'auteur de la *Marche joyeuse* où le basson se lâche.

Une charmante romance de Schumann est aimablement jouée par Mme Menter (même costume que ci-dessus), avec un petit accroc pourtant. Dans la vertigineuse *Rapsodie Hongroise* de Liszt, l'artiste a fanatisé le public. On faisait circuler au promenoir une liszt pour lui offrir un sabre d'honneur.

***

Au Conservatoire, deuxième de *Tannhæuser*, en présence de Diémer, l'excellent pianiste Risler, élève du précédent, Pfeiffer, rêveur, Albert Dayrolles, souriant, Le Borne, indifférent, Philipp, Durand et beaucoup d'autres. Nouveau succès ; orchestre et chœurs merveilleux, effet immense, malgré faiblesse et manque de style des chanteurs solistes. Cette fois, le chœur des « jeunes pèlerins » est mené une idée plus vite, ce qui vaut mieux. Bravo ! A présent, il n'y a plus qu'une chose à faire : interprète de tous ceux qui n'ont pu trouver de place au Conservatoire, ce dimanche-là et l'autre, je demande à messieurs du comité, toujours galants pour les dames, de décider une troisième audition, en dehors de l'abonnement. Qui m'aime me suive !

9 mars. — Dès l'ouverture du Cirque, on joue celle de *Coriolan*. Hum ! est-ce que vous ne trouvez pas le programme un tantinet sérieux pour un jeudi de Mi-Carême ? Evidemment, je ne demande pas que M. Lamoureux nous fasse distribuer des serpentins avec les petits bancs, ni même qu'il s'affuble d'un faux nez, mais enfin, pour lutter contre ce soleil de printemps qui dore de rayons amusés les boulevards

Où, de confettis étoilé,
Scintille, babille et fourmille,
Le carnaval bariolé...

peut-être la première Symphonie de Schumann
est-elle insuffisamment folâtre ; un peu mastoc
dans l'*Allegro*, délicate dans le *Larghetto*, elle
a paru bien jouée, comme d'habitude, en *si*
bémol, à ce qu'a bien voulu me confier — ignorant mes connaissances musicales — le roi des
altos, Van Vaeffelghem aux moustaches mena-
çantes, qui se promène dans les couloirs (le Patron l'a donc mis à pied ?), antiquaire compé-
tent en bec, rebec, violes d'amour, — les meilleurs — et qui ne saurait se contenter de
morceaux exécutés par dessous la gambe.

Du correct Concerto pour violon du correct
Mendelssohn, le correct Lederer ne nous a joué
que l'*Andante* et le *Finale* ; ça m'a suffi. D'ailleurs, ce beau brun connaît son affaire et
possède un son qui n'est pas moins pur que le
fond de mon cœur. Un vieux monsieur m'affirme que le premier interprète de cette œuvre,
Ferdinand David, jouait mieux encore. Comme
ça se passait en 1845 j'en crois sur parole ce
macrobite.

Le concerto en *mi bémol* de Liszt, déchaîné
par Mlle Sophie Menter, ne pouvait manquer de
menteresser. Mais (je ne puis men ter), quelle
abrutissante *Fantaisie tzigane* nous a servie
ensuite la véhémente pianiste ! C'est une œuvre

de son cru, assure le programme ; dans tous les cas, les thèmes en sont archiconnus, depuis les tripatouillages — merveilleusement réussis — qu'en a donnés Brahms, et, dans cette frénétique brahmsodie, le rôle de l'authoress n'a consisté qu'à produire la plus grande somme de tapage possible : triangle, timbale, cymbales, grosse caisse, tambour (« Mince de chabanais ! » a crié Lemice-Terrieux, aux secondes de côté), elle a tout employé ; et pour quel résultat ? A vrai dire, le public aime ça, du moins le public du jeudi, et a rappelé plusieurs fois Sophie, — exactement quatre fois, soyons docuMenter. Du reste, il serait injuste de méconnaître qu'elle a joué en perfection, semblant avoir au moins trois mains, comme son nom l'indique (Main *ter* ; j'explique pour Oscar Comettant).

Avec une finesse exquise, notre orchestre a perlé le délicieux petit ballet aérien de *la Damnation de Faust*. Vous savez bien, celui où le violoncelle, con sordina, se paye une tenue sur le *ré* qui dure une centaine de mesures. Tout le monde a trouvé trop courte cette incursion dans le royaume des Sylphes, que Willy, qui parle anglais comme Shakespeare, appelle avec désinvolture le Sylph-Government.

12 mars. — Malgré les charmes de la température et « le soleil tentant frappant aux croisées », un auditoire d'élite (naturellement !) s'étageait sur les gradins du Cirque. Je cite, en omettant les pingres qui ne m'ont pas donné de suffisants pourboires, d'abord Chevillard —· Messieurs, la famille — des chefs d'orchestre, Broustet (passons !) et Danbé, qui potasse le prélude de *Tristan ;* des compositeurs : Guy Ropartz, armoricain processif (on a toujours raison d'embêter Porel), Chabrier, réconforté par l'espoir prochain de *Gwendoline ;* de Bréville, dont l'ouverture pour la *Princesse Maleine* vient de faire l'épatement de la Jeune Belgique ; Gabriel Fabre, complimenté pour ses *Chansons bretonnes* (illustrées par l'excellent anarcho Maximilien Luce) trois gloses « d'une suavité lente, d'un beau sentiment simple et profond » — tous mes reMerkiments — auxquelles leurs librettistes Moréas, Ajalbert et Le Cardonnel promettent un succès Fabruleux ; Henry Kerval, espérance de l'éditeur Richaud ; Bruneau, qui préfère l'*Attaque du Moulin* à celles des violons de Colonne...

Y a aussi des critiques, des chanteurs, des amateurs, des peintres, Adolphe Jullien, un peu bougon, Portejoie qui porte beau, Amic, Lerolle, le subtil des Rotours. Même l'honorable corporation des mouchards internationaux est représentée par l'anthropomorphe Blowitz.

Faut pourtant dire un mot du concert. Rien à objecter à la superbe ouverture du *Freischütz*, sauf que le grognement des trombones après le retour de la phrase d'allégresse (en *sol*, au hautbois) n'est pas assez accentué ; on l'entend à peine, et pourtant il y a là une intention que le Patron ne peut manquer d'avoir comprise !

Intrat Mme Sophie Menter, qui, dans sa robe rose, a l'air d'une glace à la fraise ; ainsi s'explique l'accueil un peu froid obtenu de haute lutte par la *Fantaisie de concert* de Tschaïkowsky (1re audition — et dernière, s'il plaît aux dieux, dont ce sera tout à l'heure le *Crépuscule*). Ce Russe a certainement beaucoup de talent, à ce que César Cui affirme, mais par un malheureux hasard, je n'ai jamais entendu de lui que des saletés.

La première partie de ce morceau fut écoutée avec une certaine philo-Sophie (Menter), mais une cadence qui dure au moins quinze minutes (Mme Menter aurait-elle improvisé ?) abat les plus fiers courages. Le Tschaïkowsky reçoit les honneurs d'un menterrement de première classe ; quant à vous, chère Sophie, votre talent n'est pas en question, et votre jeu énergique a presque autant de brillant que l'édifice constellé de votre coiffure !

Materna surgit ; elle a encore profité depuis l'autre fois ; je n'en puis dire autant de son organe, mais quelle flamme, quelle compréhension, quelle émotion, quelle robe vert-pistache, quelles révérences ! C'est d'abord dans *Tristan* qu'elle opère, et quatre salves d'applaudissements couronnent Isolde expirante. Le piano ressort. Un effroyable cri jaillit des secondes : « Pas de piano ! à la fin, le piano! » Le Patron blêmit, il fait un geste, et douze gardes municipaux, sabre au clair, se précipitent sur l'infortuné normalien — c'est un normalien — qui vient de traduire avec tant d'abandon le sentiment général. On l'entraîne, martyr d'une juste cause, et, sur son passage, tous les fronts se découvrent. Les membres de la famille Menter applaudissent barbarement cette exécution ; mais ils seront seuls à applaudir celle d'une *Canzonetta* de Liszt sur l'air de « Laïtou, j'ai perdu ma femme, — Laïtou, en plantant des choux. » Il faut de la *bravura* pour subir, aussitôt après, la *Tarentella di dito*, du même abbé, où un motif connu de *la Muette* frétille avec insistance à nos oreilles étonnées. Cette fois, le public se fâche, et fait au piano qu'on emporte une conduite effroyable. On le siffle, on crie : « Assez ! adieu ! sans revoir ! bon voyage ! » Il s'enfuit, et Dupuy, représentant monocliste de la maison Erard, essuie une larme furtive.

Par bonheur, on rehisse Materna sur l'estrade, et notre orchestre, héroïquement conduit par le Patron, attaque la scène finale du *Crépuscule des dieux*. Les cuivres sonnent triomphalement, le Walhall s'effondre selon toutes les régles, les chanterelles promettent la rédemption ; le Rhin, ses demoiselles, les dieux et leur boîte, le Feu, le cheval, la Walkyrie, tout le mic-mac sublime de la Tétralogie mène une sarabande cyclopéenne. La salle éclate en bravos, qui vont chercher le Patron dans les rangs des violons où, trop modeste, il se terre, et la Materna en reçoit aimablement sa part, debout sur son bûcher. Je n'hésite pas à vous annoncer qu'elle renaîtra de ses cendres.

**

Auprès de ces splendeurs, la concurrence fait triste mine : ils se sont mis à trois pianistes pour venir à bout d'un concerto de Bach, sans dégeler le public ; la prochaine fois, Colonne fera bien de nous en exhiber six. Le prélude de *la Reine Berthe* semble confectionné par un Godard qui aurait essayé de comprendre Wagner. Quant au *Scherzo* de Saint-Saëns, enlevé avec brio par Diémer et Risler, trois fois rappelés, il précédait un indigeste tourteau de Tschaïkowsky que les gobeurs du Châtelet, pourtant gloutons, n'ont pu s'assimiler.

Pas de gens chic, ou bien peu : Charles Lefebvre, Eymieu, Julien Torchet transfuge du familial *Musée* de l'ami Delagrave, et puis de la petite bière.

L'Art se venge. De la carrière de *Werther*, qu'on nous voulait dire si brillante, *le Ménestrel* n'extraira désormais que des pavés d'ours. Les recettes baissent, et joyeusement le baromètre monte. Pourquoi me réveiller, ô souffle du printemps ? comme chante Ibos, doublé, à l'occasion, par Mouliérat — et la feuille de location dépérit, cependant que les autres s'épanouissent à toutes les branches. Le gai Campo-Casso quitte le Casino Garnier, et déjà l'œuvre posthume de Delibes s'apprête, elle aussi, à quitter l'affiche de l'Opéra-Comique (Campo-Kassya, quoi !)

Mais un si beau krach des Syndicats et Entreprises de Succès (éditeurs, directeurs de théâtre, et, hélas ! compositeurs) ne nous procure qu'une joie insuffisante, lorsque rien ne marche auprès de lui. Or, un plaisir n'arrive jamais seul, dit un proverbe à faire. Le four lugubre de *Kassya*, digne sœur de l'odieux *Jean de Nivelle* et de la vésanique *Lakmé*, ne stimule que médiocremenf nos filets nerveux ; d'ailleurs, on doit la paix aux défunts — quand ils ne laissent pas de chefs-d'œuvre. Dieu merci, nous avons mieux à faire qu'à pourfendre des larves d'opéra. Une belle, une grande, une admirable œuvre a triomphé des préjugés et de l'indifférence du public. *Les Béatitudes* vont être exécutées, premier miracle ; prodige non moindre, elles seront applaudies.

Ce fut un pur artiste que César Franck. En

des jours où tant d'autres n'existent que pour la
réclame et par la réclame, font publicité, succès
et argent de leurs œuvres les plus dépourvues
de valeur, de leurs déplacements, de leur santé,
de leurs bonnes fortunes ; où des maîtres, des
hommes du moins qui auraient pu mériter ce
nom, luttent de cabotinages et de bassesses —
Franck demeura probe, inattaquable, fièrement
voué aux plus ingrats labeurs, passionné pour
son art et pour son art seul. Il voulut ignorer les
préférences de la foule, les enjouements des dilettantes, plus injustes peut-être que la foule.
Et les eût-il connus, il se serait peu soucié de
les satisfaire. Il vécut, hors du monde, étranger
à la curée des appétits, et les compositeurs en
quête de bravos, ceux qui exploitent la Muse et
la contraignent de se prostituer à tous, n'eurent
pas assez de dédains, de railleries, de pitié mé-
prisante pour ce pauvre de génie.

Or, ce pauvre est mort, aimé — combien
pieusement, combien profondément ! — d'un
petit nombre de fidèles, à qui dix chefs-d'œuvre
authentiques de sa pensée et de son cœur avaient
révélé un univers nouveau, des impressions souveraines, d'ineffables émotions. Le jour où nous
apprîmes la fin de ce noble artiste, si étrange-
ment méconnu, nous pûmes constater que bien
peu de gens se doutaient de la perte que l'Art
venait de faire. Des personnes, même cultivées,
même au courant du mouvement musical, de-

mandaient d'un air étonné ce qu'était Franck et
ce qu'il avait écrit. Quelques-unes pourtant le
connaissaient : c'était un professeur, terré sur
la rive gauche, très loin, oh ! très loin, cons-
ciencieux d'ailleurs, et qui faisait payer ses
leçons, somme toute, beaucoup moins cher que
M. Marmontel... Bref, aux obsèques, à ce con-
voi que nous suivîmes, le cœur serré, en une
brumeuse journée d'arrière-saison, l'administration du Conservatoire — de cette institution que
Franck honorait de son enseignement — ne son-
gea point à se faire représenter...

Aujourd'hui, nul ne conteste plus le maître
longtemps obscur. Les chefs d'orchestre, les
amateurs, les critiques, le public, qui oublièrent
Franck de son vivant, qui traitèrent de haut
cet artiste admirable pour lequel la composition
d'une sonate était le grand évènement de l'exis-
tence, s'efforcent d'exécuter, d'apprécier, de
comprendre ses œuvres. L'histoire du génie
parmi nous, c'est l'histoire du Chevalier au Cy-
gne : « Du jour où vous le connaissez, il doit
s'éloigner de vous. » Moins heureux même que
Lohengrin, l'Artiste ne peut toujours, avant son
éternel départ, proclamer son droit et sa gloire
sur l'adoration du peuple à genoux. Il s'en va,
sans avoir eu le temps d'imposer aux doutes de
ses auditeurs la révélation fulgurante de ce Gral
dont il est le militaire apôtre, et la vérité ne se
prouve que lorsqu'il a disparu, lorsque le rayon-

nement de son nimbe s'est effacé, au lointain
mystérieux des horizons.

On va donc les entendre, ces sublimes *Béatitudes*, où la parole du Sauveur anime de son
divin prestige la symphonie des instruments et
des voix. Jamais l'inspiration de Franck n'a été
plus séraphique, plus humaine en même temps.
L'Art commentant l'Evangile, l'Art adorant et
priant, quel spectacle ! Quelle consolation, après
tant de vaines antinomies, tant de discords
menteurs ! Cette émotion, nous en ressentons la
douceur frémissante, au troisième acte de *Tannhæuser* aux *Béatitudes*, à *Parsifal*. La Musique
élève l'Homme ; la Musique réalise l'Ange. Et
de quelle musique le pourra-t-on mieux dire que
de ce vaste poème d'art chrétien, de ces *Béatitudes*, qui sont comme une vivante cathédrale
de sons : « Bienheureux, ceux qui pleurent !
bienheureux ceux qui sont doux ! bienheureux
ceux qui ont le cœur pur... » Ces paroles, les
plus saintes que l'humanité ait entendues, planent véritablement sur l'œuvre immense de
Franck. Et l'on me permettra sans doute de
respectueusement appliquer ce texte du Sermon
sur la Montagne à la vie, à l'effort des âmes qui
n'ont pas profané l'art sacré : bienheureux l'artiste qui croit et qui aime !

16 mars. — Le vert amusant de nos programmes du jeudi pique de points d'émeraude
les toilettes sombres de l'auditoire. On dirait
que notre Cirque est rempli de chevaliers du
Mérite agricole Peu de têtes connues, d'ailleurs, sauf le massif Blowitz, l'aimable René
Benoist, le fugace Lemice-Terrieux et le général de Montarby. Et puis, dans les loges, des
essaims de jeunes vierges, du moins elles en ont
l'air. — On ne se marie donc plus en France !
J'ai le regret de le constater, ce public, bien
moins musicien que nos auditeurs dominicaux,
n'aime guère, en fait d'orchestre, que le piano.
Pourtant, il a daigné applaudir le finale de la
Symphonie en la, conduit par M. Lamoureux
avec une fougue toute juvénile ; mais l'allegretto, malgré la maëstria qu'y ont déployée les violoncelles, l'a laissé froid ; et il a fallu le ronfle-
ment têtu des contrebasses, à la fin de la première partie, pour le tirer d'une torpeur que
n'avaient dissipée ni la haute allure du *poco sos-
tenuto*, ni l'habileté géniale avec laquelle Beethoven relie son Introduction au *Vivace* par
d'hésitantes rentrées instrumentales où le *six-
huit* s'ébauche, indécis, avant de s'affirmer fièrement dans le motif principal.
Savez-vous bien, messieurs les altos, que
votre phrase du *Déluge*, vous la bafouillâtes ?
et que votre son fut étriqué ? et votre ensemble
piteux ? On se serait cru chez Colonne ! Je

n'en dirai rien pourtant, parce que je suis bonne, et parce que je vous gobe tous les huit, et parce que le reste du Prélude m'a ravie d'aise, grâce à Paganini-Houfflack très en verve, très en beauté.

Mlle Kara Chattelyn a une jolie robe mauve, un lorgnon, du talent, et la déplorable habitude de secouer violemment les épaules quand elle tripote son Erard. On l'a fêtée après son exécution du beau concerto de Grieg — beau jusqu'à la péroraison exclusivement — après le gracieux Menuet de Schubert, après la mélancolique Etude de Chopin, après la Gigue du vieil Haendel, où elle fut divine. *Kara deum soboles,* comme a coutume de dire Jules Lemaître.

Enivrante exécution de l'ouverture des *Maîtres Chanteurs* ; tout notre monde rivalise de zèle : les violons pour chanter la mélodie ardente où frémit l'amour du seigneurial poète de Franconie, les hautbois et les clarinettes pour nasiller l'irrévérencieux *staccato* qui blague — en valeurs diminuées — le thème ventripotent des maîtres, le Patron pour conduire l'orchestre à la victoire. Et des applaudissements frénétiques éclatent aux dernières mesures, saluant la polyphonie grandiose que vous savez, merveille de combinaison harmonique et thématique où, par dessus les cors et les bois qui martèlent la Fanfare des maîtres, par dessus les basses et les tubas dont la solennité massive impose le motif des corporations, lourd et majestueux comme un éléphant qui porterait une année de la *Revue des Deux-Mondes*, résonne éperdument la phrase d'amour de Walther, héroïque, triomphante...

Dimanche, *le Crépuscule des Dieux* avec la Materna ; c'est très bien. Dimanche, au Châtelet, les *Béatitudes* du père Franck. Il n'y a pas à dire, c'est très bien aussi.

19 mars. — Pour une fois, comme dirait Camille Lemonnier, je me suis fait remplacer au Cirque, — où pourtant la recette fut belle ! — et j'ai daigné accepter la loge que le généreux Colonne avait eu, comme tous les dimanches, la générosité de m'envoyer. C'est qu'on jouait *les Béatitudes* du père Franck (on aurait bien dû lui donner ce plaisir de son vivant), devant un auditoire fleuri de tout ce que la cour et la ville ont de mieux.

Au hasard : tous les Franckistes, d'Indy en tête ; Dukas, l'érudit critique de la *Revue hebdomadaire* ; de Bréville et sa partition ; Bruneau, qui acclame Colonne après chaque Béatitude ; Chausson, qui préfère modestement ces chœurs célestes à ceux de *Sainte-Cécile* ; l'anarchiste Méry, que j'aurais cru moins pieux ; Bouchor, surnommé Gueule-d'Or par les zolistes ; Bellaigue, dont je vous reparlerai tout à l'heure, et qui prête un peu trop ses jugements aux autres ; Guy Ropartz sans huissier pour faire constater les coupures (car il y en eut !) ; Kerval, Willy, du Tillet, ces fantaisistes — trio en *zut* majeur ; — Ernst, qui prépare un formidable bouquin sur Wagner ; Georges Lecomte, échevelé d'enthousiasme ; Georges Hüe et Chabrier, l'athlétique Husson, le basané Dayrolles, le rondelet Saint-Cère, l'amène Marcel Fouquier, Stoullig-Pacha, Franck fils, Lalo fils, Arthur Coquard père, André Hallays, plus catholique que le Père Didon, Gaston Paulin, Lugné-Poë, Boisard, Benoist, Jullien, Tiersot, Paul Braud, Charpentier, Poujaud, Bagès, Camille Benoît, Jacques Durand, Mlle Thomsen, qu'on ne voit jamais chez nous (pourquoi ?) ; Mlle Avril, et d'autres jolies femmes, et d'autres hommes — moins jolis.

J'espère qu'on jouera très souvent *les Béatitudes*, au Châtelet, et qu'ainsi les exécutants qui, je dois le dire, finissent très bien ensemble, partiront un jour dans les mêmes conditions. A part ces arpèges de supplément, l'interprétation a été plutôt bonne. Chicanons un peu, par devoir professionnel : le quintette *Pauvres humains* n'a pas précisément enveloppé notre âme d'une sainte douceur, comme le texte l'exige et comme le souhaitait le père Franck. Dans la troisième béatitude, j'ai trouvé la voix de M. Villa *viciosa*.

A la septièm' Béatitude
On a z'un peu d'inquiétude

Ces vers ne sont pas de Mme Colomb, comme vous pourriez le croire. Ils expriment le retard de Satan, demeuré sans doute dans la fournets. infernale. Enfin, le chanteur apparaît, et Colonne soulagé murmure : « J'ai failli satandre... »

Ovations à l'orchestre, à son chef, à Fournets. et à Mlle de Nocé, aux autres aussi, si vous voulez. Pourtant, Bellaigue n'est pas satisfait. Il déclare que cette œuvre « est absolument dépourvue d'intérêt », ce qui rend Lecorbeiller songeur. Enflammé par un tel exemple, — pour avoir commis ce péché de scandale, Camille sera jeté dans la mer avec la partition du *Tribut de Zamora* au cou — le docile Julien Torchet renchérit et clame : « C'EST CREVANT ! » Ces. manifestations n'obtiennent qu'un succès modéré.

***

Au Cirque, mêmes attractions que dimanche dernier, à l'exception des acrobaties de Mme Sophie Menter, remplacée sans nul désavantage par la splendide Marche funèbre du *Crépuscule des Dieux*.

Frappé par l'épieu d'un traître, Siegfried est mort ; les guerriers de Gunther étendent le corps du héros sur son vaste bouclier, et la plainte s'élève aux cors et aux tubas, puis aux clarinettes et aux bassons, qui dit les souffrances de la race de Wotan. Après une terrifiante explosion des cuivres, le noir cortège s'ébranle lentement vers les sinistres portiques du palais des Gibichungen. Le thème héroïque des Wæl-sungen retentit, l'inoubliable thème que se renvoyaient, après le récit de Siegmund, les cors et les bois de *la Walküre*, et, coupant les motifs réapparus qui se pressent, un trait sourd, poignant et funèbre, s'obstine, Des brumes enténèbrent le Rhin. Mais, entre les nuages, une clarté luit, les casques et les lances étincellent, et les guerriers s'enfoncent dans la nuit, « suivis par les blancheurs plaintives de la lune ».

Tout de même, c'est un peu raide que ce lâcheur de Chevillard, au lieu de rester au Cirque, entendre notre dernier concert, l'ait abandonné pour venir au Châtelet. J'imagine, pourtant, que son fauteuil doit lui coûter, chez beau-papa Lamoureux, moins cher que chez Colonne !

26 mars. — Quel splendide dimanche des Rameaux (fête du bâtonnier du Buit). Quel temps ! Quel soleil !... *Voici que le printemps, ce fils léger d'avril — Beau page en pourpoint vert brodé de roses blanches — Paraît, leste et fringant, et les poings sur les hanches — Comme un prince acclamé revient d'un long exil.* (Paroles de Bourget, musique délicieuse de Saint-René. Edition Durand et fils. Réclame non payée), mais il n'y a pas de soleil qui tienne, quand le Patron donne un concert supplémentaire « avec le concours de M. Ernest Van Dyck » (Tiens ! il s'appelle Ernest !) Le Cirque était plein à crever.

Au hasard (toujours), je signalerai Adolphe Jullien le reyer des vespertins *Débats*, Blowitz qui n'est pas encore expulsé, Stoullig las d'avoir trop applaudi, à la représentation générale, hier, les *Mirages* de Georges Lecomte de qui « les gestes de grâce et le timbre caressant de la voix chaude » furent célébrés par ce George Bonnamour, dont J. Couturat sut dire « l'insolente ironie de la bouche moqueuse », Bruneau accompagné d'un baby adorablement Kate Greenway, Reynier fou d'enthousiasme, Willy retour de Bruxelles où il admira les orphéevreries du chevalier Gluck, Joly qui va s'y rendre pour initier le Brabant aux âpres beautés de notre Jeune Ecole musicale, l'éditeur Durand, l'éditeur Jacques Durand, l'éditeur Hartmann, Mlle Litwinn, jadis Sieglinde acclamée à la Monnaie, Mme Caron (Rose, celle qui chante ; pas Marguerite, celle qui est si jolie), un mon-

sieur à barbe blanche que des X moins mystérieux que celui de la fameuse liste Andrieux
m'affirment être Mercadier — très galants, ces
messieurs des promo jaunes ! — puis le gratin
select mélomane : les Bonnières, Roland Gros-
selin, des Rotours, et M. le baron Robert Oppenheim, chambellan de Léon XIII.

Fort honorable exécution du *Camp de Wal-
lenstein,* un peu froide pourtant ; on aurait dit
que le sévère général Dorel de Paladilhe (c'est
plus musical) commandait en chef dans ce camp
de pioupious « cuirassés de buffle » comme dit
le programme (n'y avait qu'des buff' à c'te noc'
là). Un auditeur enthousiasmé de ce style bœuf,
a même crié : « Bisons ! ». On s'en est donné
des bosses !

Entrée de Van Dyck, qui commence à ressembler un peu au Patron ; mais il chante mieux
tout de même, du moins je pense. Il est superbe
dans l'*Invocation à la nature,* et se fait entendre
par-dessus nos cuivres, ce qui n'est pas donné
à tout le monde.

On n'a rien compris au récit de Lôgue (orthographe wildérienne), qui, pour notre public, a
eu l'intérêt d'une table de Loguearithme, à laquelle il manquerait des pages. Je croyais nos
habitués plus intelligents. Et cependant, que ce
thème de Freia est gracieux lorsqu'il s'élève, accompagné par la *Wellenbewegung* qui dit le
perpétuel renouvellement des formes et des
existences... Mais je deviens lyrique.

Le Patron ayant déjà consenti à bisser le Ballet des Sylphes (tout arrive !) on lui a aussi bissé *(Nunc dimitis servam tuam)* le premier chant de Walther, que beaucoup de Wagnériens naïfs ont suivi imperturbablement sur la partition du *Preislied*. Il n'y a que la foi qui sauve. Entre les deux exécutions, Salmon a reçu un poil parce qu'on avait laissé neuf fenêtres ouvertes. Il ne peut pourtant pas les fermer avec son violoncelle !

Henry Baüer chine âprement les mélodies de Wagner, impassible sous les regards irrités d'un tas de snobs pas fichus de comprendre les raisons ingénieuses — d'ailleurs je ne les partage pas — qu'il expose avec sa verdeur coutumière. Mais il acclame le splendide Récit du Graal, chanté par Van Dyck avec une puissance mystique, une autorité foudroyante, une... je n'en finirais pas... qui ont fanatisé la salle. Le public trépigne, l'orchestre bouillonne, Blowitz lui-même se lève (on peut dire que c'est la levée en masse) et les bravos se déchaînent en ouragan dont les échos ont dû retentir aux oreilles inquiètes de Jean Lohengrin de Reszké. Pour finir, marche du *Tannhæuser* avec fuite vers les paletots, arrêt traditionnel de l'orchestre, et reprise aux applaudissements de la foule domptée.

Mardi, nous jouerons au concert de Risler, bon garçon, bon musicien, bon pianiste. Vendredi-saint, grande séance toujours avec Van Dyck, inutile d'en dire plus long. Quant à la *Symphonie* du père Franck, qu'on nous avait fait vaguement espérer, nous la jouerions bien, mais l'ineffable éditeur Hamelle ne sait plus où il a fourré les parties d'harmonie. Peut-être bien qu'il s'en est servi pour recouvrir ses pots de confiture ?

**

Par bonheur, on n'a pas égaré la partition des *Béatitudes*, et Colonne a pu en donner une seconde audition, presque aussi médiocre que celle de dimanche dernier, mais acclamée par une salle de franckistes, décidée à toutes les indulgences : Poujaud le satanique, Tiersot le long, Chausson le barbu, Bréville le fin, Bouchor l'ascète, Bonheur le caustique, Holmès l'impétueuse, d'Indy le génial (ça c'est pour embêter le *Ménestrel*), de Récy le saintsaensolâtre, Bœllmann et des tas d'organistes qui ne fonctionnent pas, aujourd'hui, pendant les vêpres, Gigoux, Saint-René, Taillandier au crâne miroitant, le doux Fauré, etc. Massiac n'aime pas « ça » bonne recrue pour Bellaigue ! Coquard applaudit, Salla réfléchit, Comettant somnole, Joncières boude, Mlle Thomsen arrive un peu tard parce qu'elle fait la vierge, au Vaudevillle. Mlle de Nocé râfle les applaudissements, le ténor Villa bafouille dans la troisième Béatitude :

il aurait bien tort de se gêner, pour ce que Colonne s'y connait !

24 mars. — Quelle chambrée de Vendredi-Saint ! quelle musique ! quelle chaleur ! quel tarif ! C'est du Cirque que je veux parler. Vous nommerai-je Madame de Soultzbach, le notaire Debeney, de Bourg (qui trop en Bresse mal étreint), Gabrielle Krauss, qui crie : « Bravo, Charles ! » en s'en allant ? ou bien le docteur Charcot ? ou le bel Arthur Meyer, qui appelle « l'Ouvreuse » d'une voix déchirante, ne pouvant se frayer un passage à travers les vagues humaines du promenoir ! J'ai bien chaud, Hartmann s'essuie, Kerval transpire ; seule, Marguerite Caron est toujours fraîche. On m'assure que Bagès, le Van Dyck des salons, est aussi de la fête.

L'ouverture de *Benvenuto* marche bien ; le public l'applaudit de confiance, peu capable de reconnaître la phrase de Teresa (sans *h*), le motif de Benvenuto et le chant du cardinal, *A tous péchés pleine indulgence* qui, vers la fin, est repris par les cuivres. Le bon Van Waefelghem vient s'asseoir à côté de Van Houfflack *(Belgia for ever !)* et exécute, à la satisfaction générale, un solo d'alto dans la *Marche des Pèlerins*, d'Harold transalpin.

Van Dyck (encore un ! — notre concert a l'air de la rose des Van), apparaît, est applaudi, et invoque la Nature à Berlioz. Puis résonne le prélude du troisième acte de *Tristan*, attaqué un peu vite, mais joué en perfection tout de même : notre cor anglais, le prince D'Orel, comme dirait Lavedan, perle bien son solo, très bien, trop bien. Si vous étiez fichus de comprendre pourquoi, je me ferais un plaisir de vous l'expliquer... Il s'éponge et salue ; moi, je ne salue pas, mais je m'éponge tout de même.

Revandyckation couronnée de succès, avec le *Récit de Lôgue*, dont le gracieux et pastoral accompagnement me ravit : « On dirait une égLôgue », murmure Willy, qui sait son Virgile, ou voudrait bien le faire croire. Le *Waldweben* soulève une triple ovation, une par soliste, Bertram, Mimart et Dorel déjà nommé.

Quand bien même le Patron ne devrait plus m'envoyer de places pour mes amis, je maintiendrai toujours que le *Liebeslied* de la *Walküre* est pris trop-len-te-ment. Il est vrai que, pour réjouir les mânes d'Azaïs, la marche de *Tannhæuser* est enlevée un tantinet trop vite. Quant à la traduction de feu Wilder, elle a subi des retouches qui l'embellissent médiocrement. M. Nuitter s'étant aperçu avec raison que le sens du premier vers wildérien : « *L'ombre fuit, les astres du ciel immense* », enchaînait avec le second vers, tandis que l'harmonie présente le re-

pos relatif d'une demi-cadence, a pondu cet autre
décapode : « *C'est l'hiver qui fuit, le printemps
commence* », où le repos de la virgule est absolument contradictoire avec le mouvement vocal.
Je cueille encore un « *Tout change pour nous* »,
destiné à expliquer que la porte s'ouvre, et
qu'on ne saurait trop admirer.

Pourquoi donner l'*Enchantement du Vendredi-
Saint* sans les voix, quand on a Van Dyck sous
la main et qu'un Gurnemanz peut se trouver ?
Mystère. Le prélude de *Lohengrin* est, sans conteste, le morceau le mieux exécuté de tout le
concert. Dans le récit du Gral, Van Dyck est
acclamé. Il a été surtout merveilleux dans la
seconde partie.

Quant à Colonne, le Château-d'Eau est bien
loin, mais j'ai cru percevoir cependant les bravos dont on a couvert Sarasate. Comme c'est
jour de jeûne, ce sera là, si vous voulez, le mot
de la faim.

**

Vous n'attendez pas de moi, j'espère, l'analyse
musicale ou dramatique de *la Walkyrie*. Vous
l'avez lue en tant de journaux, si invraisembla-
blement folle et diverse, que votre opinion a dû
se composer une version définitive, *ne varietur*,
juste peut-être, à laquelle je n'entreprendrai de
rien ajouter ni retrancher. Je vous crois d'ailleurs trop intelligents, Messieurs, trop intuitives,

Mesdames, pour admettre que vous traitiez
Wotan de gêneur, l'action de mythologie lente
et obscure, Fricka de personnage inutile, et pour
que vous émettiez sur le germanisme de l'œuvre,
son immoralité, ses longueurs, les jugements
spirituels et bien parisiens de mes illustres confrères. De grâce, ne me demandez donc point
ce qui arrive, comment tout ça est fait, et les
origines, et les symboles. Que si toutefois vous
êtes curieux à ce point, attendez un peu, gens
trop pressés, certain bouquin d'Ernst, annoncé
chez Plon, qui bientôt... (je serais bien bête de
ne pas profiter de l'occasion pour offrir à cet
ami une opulente réclame.) Voilà qui est fait,
comme disent les interviewers.

Soyons documentaires cependant. On nous a
fait entendre l'autre soir, sous le nom de *la Val-
kyrie* (un *V* simple, messsieurs les typos, selon
le rite Vilder), une ingénieuse sélection de morceaux empruntés à *la Walkyrie* (un *W* cette
fois, s'il en reste dans les casses) de Wagner
Connaissez-vous l'art du découpage ? c'est un
jeu charmant, que l'on peut proposer même aux
jeunes filles et qui donne les résultats les plus
imprévus. Avec du papier de couleur ou des
bouts de rubans, ou une partition, on fait, je
vous jure, les plus jolies choses du monde. Vous
prenez, par exemple, un drame de Wagner et
une paire de ciseaux ; vous découpez l'un avec
l'autre (je ne sais si je me fais bien comprendre)

en prenant garde seulement que les bouts de musique qui demeurent ne puissent se raccorder d'aucune façon : et vous supprimez soigneusement tout ce qui explique les déterminations des personnages. Pour peu, maintenant, que vous recommandiez aux tubas de souffler dans leurs gilets et aux contrebasses de gratter dans leurs bottes, pour peu enfin que vous assuriez l'exécution rapide des mouvements lents et l'interprétation traînante des passages animés, vous obtenez un résultat entièrement neuf, et — on me croira si on veut — qui vaut véritablement le voyage.

**

Eh bien non ! ne nous plaignons pas que la mariée est trop laide, alors que l'on nous condamnait, depuis si longtemps, à des abstinences cruelles. Les très belles œuvres ont ce don merveilleux de résister aux interprétations les moins conformes à leur esprit. Ce n'est sans doute pas *la Walkyrie* que l'on donne actuellement à l'Opéra, mais quelques fragments de *la Walkyrie*, grâce aux hasards de l'exécution et au zèle généreux de tel ou tel. Van Dyck, Delmas, Mlle Bréval, étincellent radieusement dans le chaos. Et ces jaillissements de foudre vont frapper les spectateurs à leurs places, pulvérisent leurs ignorances, leurs préjugés, illuminent soudain en ses ruines, par des clartés divinatrices,

l'édifice prodigieux du drame wagnérien. C'est,
par exemple, le récit de Siegmund à la table de
Hunding, et l'appel belliqueux de Brunnhilde,
cette clameur farouche, agressive et joyeuse,
âpre refrain de virginité guerrière, ou la symphonie qui accompagne la mimique silencieuse
de Wotan, lorsqu'il étend sa fille bien-aimée
sur le gazon, lorsqu'il pose le bouclier d'argent
sur la chaste poitrine de l'Endormie, et le casque
ailé sur la chevelure d'or, et la lance, autrefois
glorieuse, dans cette main que nul dieu du
Walhall n'osa jamais effleurer.

Hélas ! qui nous rendra les nobles pages
abolies ! qui nous rendra la grande douleur de
Wotan, son désespoir, l'amère bénédiction qu'il
jette au fils futur du Nibelung, vouant ainsi le
Monde aux puissances de la destruction et de la
mort. Mais c'est trop de regrets... Comme dit
Wotan, au deuxième acte de *Siegfried : « Aller ist nach seiner Art ; »* la vocation des
directeurs de théâtre, de leurs chefs d'orchestre,
metteurs en scène, machinistes et pompiers, est
essentiellement de mutiler les chefs-d'œuvre ;
ils coupent, parce qu'ils ont en eux une vertu
coupative dont la nature est de couper. Ne m'en
demandez pas davantage.

***

Faisons une petite promenade cependant à

travers ce qui reste du drame et de la partition. La part de l'éloge est facile à faire ; les auditeurs n'ont pas besoin d'ailleurs qu'on les y aide, car, dans une œuvre de Wagner, dès qu'une chose est au point, elle porte ; à la représentation, les plus gélatineux de mes confrères commencèrent de vibrer aux passages réussis, et Sarcey lui-même, de qui j'étais voisine, crut devoir émettre, à l'Incantation du Feu, des dodelinements de tête approbatifs. Parlons donc plutôt de ce qu'il faudrait corriger.

Trop mou, l'orage du prélude. Après l'entrée de Siegmund, prière à M. Lapissida de sortir quelques éclairs, visibles par la fente de la porte. Il est également invité à faire l'obscurité dans la salle — oh ! la pénombre seulement ! — dès la première note du prélude, qui ne se passe pas en plein jour que je sache. Au moment où Hunding entre, ce n'est pas pour rire que Wagner a mis les quatre tubas et le tuba-contrebasse sur le motif, avec un beau *forte* ; nous supplions MM. les tubistes et leur chef de chausser leurs lunettes. Si vous entendez la timbale au début de la scène III, ce sera dans un rêve : il faut croire qu'il y a hausse sur le prix de la peau d'âne, car le fonctionnaire préposé aux baguettes, craignant sans doute de la crever, ne peut être perçu en son activité qu'au moyen du microphone. Les cors bavent ; quant à la trompette, elle ne se doute évidemment point, pas plus que personne du reste à l'Opéra, de ce que son intervention signifie, et elle sonne comme si Wotan avait planté un eustache de deux sous dans le frêne. Oh ! Oh ! et ce crescendo du *Liebesmotiv* à la fin du chant du printemps ? que diable ! êtes-vous donc empaillés ? Tout à la sauce brune alors, comme au restaurant à vingt-deux sous, si j'en crois les poètes. Ah ! ce coup-ci, vous l'avez fait exprès : par parenthèse, il vous a fallu, Messieurs, un rude travail, et vous avez accompli un véritable tour de force en arrivant à ne rendre saisissable le motif de l'épée qu'une seule fois, au moment où Siegmund arrache le glaive, alors que ce motif s'étale deux fois sur la partition, et plus fort la seconde fois que la première ! Ça, c'est malin, et les trombones qui réussissent ce petit escamotage — tout en jouant, remarquez-le — devraient revenir saluer à la fin de l'acte. Vous, Mlle Bréval, que j'ai plaisir à féliciter de votre généreuse ardeur, ne pourriez-vous, quand vous apparaissez à Siegmund, porter votre bouclier au bras gauche et tenir l'épieu de la main droite — et demeurer ainsi sans faire aucun mouvement, par pitié ! Vous, Delmas, qui avez obtenu un si légitime succès, ne pourriez-vous, à l'embrassement qui suit le thème de Siegfried (*Der freier als ich, der Gott*), étreindre un peu plus franchement la toute charmante Bréval, sans vous agiter, non plus qu'elle ; alors, lorsque le motif de la justification, épanoui d'enthousiasme et de gloire, arriverait à sa culmination suprême, Brunnhilde renverserait la tête en arrière, pour retrouver encore une fois les yeux de son père ; Wotan, penché sur le doux visage où rayonnait son Désir, plongerait pour ainsi dire son regard aux prunelles lumineuses qui furent la clarté de sa vie *(Dieser Augen strahlendes Paar, das oft im Sturm mir geglænzt !)*, et tandis que le thème du sommeil de Brunnhilde descendrait sur les deux harmonies principales de *mi* majeur pour se résoudre transitoirement en *ut*, la tête de la Walkyrie s'inclinerait comme inerte sur l'épaule de Wotan.

Et la phrase de Brunnhilde, au début de son plaidoyer suppliant, serait plus lente, plus pénétrante, plus noblement douloureuse. Et les Walkyries, au lieu de conduire Brunnhilde dans une grotte voisine — du moins je le suppose — la cacheraient derrière elles, massées comme un troupeau tremblant sous la colère du dieu. Elles n'auraient point l'étrange idée de s'asseoir lorsque Brunnhilde remet à Sieglinde les tronçons de l'épée et prophétise la gloire future de Siegfried — et je pourrai continuer longtemps comme cela, sans espoir de convertir personne.

Pourtant, malgré les défaillances, les incompétences, les trahisons, ce fut une belle soirée ! L'erreur dont le drame a été victime n'a pu tuer néanmoins son indomptable vitalité. Par moments, la situation, la musique et la poésie toutes puissantes ont galvanisé jusqu'aux plus médiocres interprètes, et j'ai encore le vivant souvenir de plastiques sublimes, un instant réalisées, comme surgies des houles de la symphonie, des tragiques fulgurations du texte — même travesti, hélas ! et c'en est assez pour que j'applaudisse à cette définitive victoire de Wagner.

Et maintenant, s'il vous plaît, souhaitons que *Parsifal* ne soit jamais, jamais représenté à l'Opéra.

8 avril. — Salle Erard, curieux concert de la Société Nationale, mélangé d'ailleurs, où il y eut à boire et à dormir. Je parlerai surtout des breuvages.

Un mot seulement de l'intéressante ouverture de *Polyeucte*, par Dukas ; nous en eûmes la primeur jadis au Cirque, et Chevillard inquiet était venu voir si l'auteur, qui conduisait lui-même, conservait les bonnes traditions. Excusez ma brutale franchise : j'aime encore mieux le Patron. Si les motifs musicaux avaient un peu plus de relief, beau-papa Félix ne songerait pas à dire à Polyeucte : « Tout est rompu, mon gendre ! » L'auteur, avec un soin pieux, les a catalogués, numérotés, expliqués. Si le caractère calme et un peu Sévère (n'oublions pas la majuscule) de l'Introduction finit par s'animer, c'est pour exprimer la foi croissante du pieux Iconoclaste qui passe de la méditation pure à la persuasion affirmative. L'*allegro* deux fois répété caractérise l'hostilité menaçante du paganisme ; il y a aussi un thème pour faire comprendre la tendresse de Pauline à bon droit inquiète, et, vers la fin, la salade russe où se mêlent les motifs de la persécution et ceux de la foi, apaisés, signifie qu'une quiétude mystique emplit les âmes de tous les personnages, sinon celles de tous les auditeurs.

Phidylé, de Duparc... C'est proprement un charme, quoique tiré des *Poëmes an...toc* de Leconte de Lisle. On a bissé cette petite merveille, orchestrée pour la circonstance par le trop paresseux, hélas ! et trop souffrant auteur. Compliments à Mlle Eléonore Blanc, vêtue de rose comme son nom l'indique.

Une révélation : *la Damoiselle élue*, vitrail symphonique de Fra Angelico Debussy (un peu pervers tout de même), sur un texte préraphaélitique de Dante Gabriel Rossetti. Ça monte, ça plane, « comme une petite plume ». Je me sentais une paire d'ailes dans le dos, et, m'envolant avec *The blessed damozel* « aux sources de lumières », je ne voyais déjà plus Joncières (ça rime). C'était toujours ça de gagné. Digne d'intepréter cette merveille, Mlle Julia Robert fut idéale ; il ne reste plus à Debussy qu'à s'enrouler dans une robe blanche et à se camper *(clings)* une auréole sur la tête. Il la mérite.

J'aime trop de Bréville pour ne pas déplorer que sa musique soit confiée à des Néréides piaulant avec, on dirait, de l'eau de mer plein la bouche. Et puis, cette variation sur la Toison d'Or, où les « sanglots longs » chipés à Verlaine riment avec de plus personnels « éclairs blonds », il était donc forcé, absolument, de la prendre pour sujet ? *to be argonaute to be,* disait Willy qui préférerait tresser des Jasons de lisière, bouclé derrière une lourde... Car il trouve ces histoires irréMédeiablement ennuyeuses et en abuse pour parler Argo.

Quelques noms, pris dans la musique littéraire et dans la littérature qui module : Catulle Mendès, voisin de pourpres flamboyantes ; Henri de Régnier qui trouve intéressante la *Médéia* d'Hérold (des goûts et des couleurs, sans médéisance...) ; Palestrina-Bordes ; Gramont, amené par Leroux ; l'excellent organiste-compositeur-pianiste Alphonse Benoît ; Andrès dans les hauteurs ; aux loges, Mme de Soulzbach ; Lazzari, dont la fière *Sonate* pour piano et violon fanatise les connaisseurs ; le peintre Charles Cottet, dont l'exposition sera l'un des clous de la jeune école (quand on se mêle de bien écrire !) au prochain Champ-de-Mars.

***

Passons au Châtelet où il y avait foule pour la troisième exécution des *Béatitudes*, moins bonne que les précédentes, avec solo ajouté pour M. Mounet-Sully, remplacé par Cadet — je veux dire par Paul. Le bêlant Warmbrodt est si froid, si froid, qu'il devrait s'appeler Kaltbrodt (pour ceux qui comprennent l'allemand). Mlle Tarquini d'Or chante si faux, sur des mouvements accélérés si fâcheusement, que ce n'est qu'un cri dans les couloirs : « Tarquini d'Or, ton moulin va trop vite ; Tarquini d'Or, ton moulin va trop fort ! » En revanche, je ferai un aimable compliment à Marcella et à Mme Remacle, qui remplaçait Mlle de Nocé, appelée à Maubeuge pour un concert époilant. Grimaud aussi a été bon... Mais oui !

Dans la salle, Henri Céard, très enthousiaste, les Hillemacher, Philippe Garnier, qui laissait venir à lui les petits enfants « blonds » d'Haraucourt (plaignons les châtains !) ; Adolphe Jullien, musicologue rose ; Remacle naturellement, Poujaud lyrique, Gabriel Marie en disponibilité (tant pis !) René Benoist qui interviewe Doncieux sur la métrique de Wagner (!), Charles Morice, littérateur de demain, Gustave Charpentier, musicien d'aujourd'hui, Lacroix qui suit la bannière de Gigout ; Larroumet s'enfuit après la cinquième Béatitude, s'apercevant enfin qu'on

ne joue pas *Michel Strogoff*, (les hommes d'esprit sont si distraits !), Sarrau, répétiteur à Po-
lytechnique, éclate en applaudissements. — Au
Paradis, lieu indiqué pour goûter *les Béatitudes*,
Albéric Magnard et Guy Ropartz, porteurs sans
doute d'instruments à percussion, font un bou-
can formidable. Ainsi est acclamée l'œuvre sublime que tous les critiques ont prisée à sa juste
valeur, sauf trois que je m'abstiens de nommer :
la recherche de la badernité est interdite.

P. S. — Bonne nouvelle : *Les Béatitudes* seront exécutées intégralement, la saison prochaine, aux Concerts du Conservatoire.

14 avril. — Immense concert au Conservatoire. Dussé-je mériter les éloges de Bellaigue, je
vous avouerai que le *Manfred* de Schumann est
une fort belle chose ; dussé-je mériter sa haine,
je confesserai que c'est tout de même un peu
ennuyeux. La *Symphonie en ut mineur* (tu quo-
que, Camille ?) de Saint-Saëns est, elle aussi,
très belle ; oserai-je ajouter qu'elle dégage parfois quelque ennui ? Quant au chœur de *Psyché*,
du père Thomas, il est ennuyeux, mais pas
beau.

Il est impossible de rien imaginer de plus
baroque que ce mélange de déclamation — et

quelle ! — et de symphonie dont *Manfred* offre malheureusement l'exemple. Les plus hautes inspirations musicales s'atrophient entre les hurlements du byronien sociétaire Mounet-Sully, aîné de Paul, et les soupirs de Mlle Du Minil. Le symphatique légionnaire du Théâtre-Français pousse de telles vociférations que les « Génies inférieurs » (oh ! très inférieurs) soumis à Arimane, mués en shats — soyons persane ! — s'introduisent dans la gorge du tonitruant tragique et le font horriblement souffrir. Nous aussi.

Couverte d'applaudissements mérités, l'Apparition de la Fée des Alpes fait dire à Stuart Merril « *Very nice !* » Nice ? sans doute ce poète a pris, l'impuissante déité pour la Fée des Alpes... Maritimes.

Le *Ranz* de ces dames a été admirablement soufflé par le divin Gillet (quelle noce !). Manfred-Sully, aussi incapable que Joncières lui-même de reconnaître le son du cor anglais, choisi pour rendre hommage à lord Byron, s'écrie, selon la traduction Moreau : « Quelle est cette chanson de flûte ? » Ce gaillard a décidément tout ce qu'il faut pour devenir critique musical.

Le chœur un peu nymphatique des nymphes de *Psyché* n'est pas arrivé au moment Psychélogique, si j'en juge par le four de ce petit morceau (représenté pour la première fois au théâtre de l'Opéra-Comique il n'y a que trente-six

.ans). On rentre dans la bonne musique avec la.
Symphonie de Saint-Saëns, qui, paraît-il, a demandé que les mouvements de dimanche dernier fussent un peu moins funèbres, malgré l'aimable ressouvenir du *Dies iræ* qui constitue le
thème principal. Par contre, il faut que le motif
du *Poco adagio* soit pris plus lent, faute de quoi,
il rappellerait furieusement la suave cantilène
de la *Mascotte* : « Ces envoyés du paradis... ».
Audran lui qu'un autre, après tout ! Les Men-
delssohniens se pâment au *Scherzo* pailleté d'é-
blouissants traits chromatiques confiés au piano ;
les mystiques s'épanouissent à l'entrée de l'orgue. Tout le monde est content, l'éditeur-com-
positeur Durand (Auguste) jubile, son fils l'édi-
teur-compositeur Durand (Jacques) exulte, et
moi j'applaudis frénétiquement, car toute cette
symphonie est d'un orchestre superbe et d'une
écriture — je ne vous dis que ça ! Le triomphe
du civet sans lièvre ! grognait à la sortie un
caustique Sociétaire National que je ne veux
point nommer.

Parmi les assistants, le terrible Julien Torchet, ennemi personnel des *Béatitudes*, qui en
réchapperont ; l'élégant Oppenheim ; Georges
Hüe à la barbe soyeuse, dont Mlle de Nocé a
fait acclamer récemment le *Bateau rose* ; Le
Borne, dont on applaudit l'autre jour les *Aqua-
relles* chez Taffanel (quand je fais des vers,
Leconte de Lisle n'est pas mon cousin) ; Julien

Tiersot, Hughes-Zimbert, Gabriel Marie, Lascoux, Adolphe Jullien, Dayrolles, Garcin, Saint-Saëns lui-même, enfin la fleur de la Société Parisienne (19, avenue de la Grande-Armée).

Toujours soucieuse de plaire à Colonne, bien qu'il affecte de me méconnaître, je vous annonce qu'il remonte dimanche prochain son *Courrier de Lyon*, je veux dire *la Damnation de Faust*.

P. S. — Un mot authentique de Joncières, déjà nommé (tu n'en pourras jamais trop faire, tu n'en feras jamais assez). L'autre soir, à la *Nationale*, le jeune de Bréville, au cours de sa *Médéia* (spécialement écrite pour lui par Hérold), ayant à parler du philtre, avait cité musicalement le thème que Wagner a consacré à cet apéritif de l'amour. Avec un rire sardonique, le monstre (c'est Joncières que je veux dire) se retourne vers sa famille attentive, et, tout haut : « Hé ! hé ! les bons petits souvenirs de LA WALKYRIE !!! »

*_**

Une chanson française, entendue un frais matin de septembre. Toute la gaîté, toute la jolie vaillantise de la race s'y résument. Elle semble une marche légère, une course presque, au grand air, au grand vent, vers le joyeux travail et le hasard de la vie, *En passant par la*

Lorraine, avec mes sabots... J'ai dit gaîté ; ce n'est point la gaîté qu'on nous prétend nationale, la gaîté plate de l'opéra-comique, ou la gaîté basse des refrains à boire ; c'est la fine gaîté, la généreuse gaîté d'un peuple jeune, dur à la peine, et qui souffre en souriant. La belle fille est partie de bon matin ; elle est pauvre autant que jolie, mais elle fait gaîment claquer ses sabots, elle cueille la fleur au buisson, dût-elle s'y piquer les doigts, et elle chante. Elle a rencontré trois capitaines qui l'ont appelée vilaine, parce qu'elle va par les chemins, avec sa méchante jupe et ses mauvais sabots ; mais bah ! elle se sait belle, et le fils du roi l'aime, avec ses sabots ! Il traversait bois et plaine, le fils du roi ; la voyant si brave, avec ses sabots, il lui a donné pour étrenne un bouquet de marjolaine. S'il fleurit à son corsage, s'il fleurit elle sera reine — avec ses sabots. S'il meurt, le bouquet (et n'est-ce pas l'histoire de tous nos rêves ?), s'il meurt, elle y perd seulement sa peine ! Une claire larme aux cils, souriante toujours, elle chantera son espérance ou sa peine, avec ses sabots.

**

Sur la colline, le Théâtre, superbe en sa misère hautaine, de tout son néant architectural. Glorieuse bâtisse de bois grossier et de briques vulgaires, il émerge, énorme, de bouquets de verdure en escalade, fraîche encore malgré les brûlures d'un implacable été. En cette grande paix muette, au-dessus de la petite ville oisive que ne réveille nulle agitation d'étrangers, le Vouloir du Maître apparait plus libre, d'une sérénité plus parfaite. Le Théâtre sans visiteurs n'est plus que l'attestation présente, le souvenir matériel, rigide, nu, vraiment grandiose, des magies qu'évoqua le poète-musicien, et le signe de ce qu'il avait voulu, de ce qu'il avait rêvé, de ce qui jamais ne sera.

Derrière le Théâtre, un chemin montant, ombragé d'arbres, parmi des terres labourées ; paysage simple, très doux, un peu mélancolique, que termine la forêt, la chère Forêt des songeries ferventes — où l'écho des musiques entendues la veille se prolongeait délicieux, dans le frisson tiède du vent aux aiguilles des pins — la forêt paisible et grave, que ne parvient pas à déshonorer une excroissance de chauvinisme allemand, tour quelconque dont l'inscription s'efface, périmée pour les âmes que requiert l'Art fraternel. Sombre à distance, noire de tous ses pins pressés les uns contre les autres, la Forêt s'anime de mouvantes lumières, pour qui vient y goûter le charme des heures, la féerie des rayons filtrant aux aériennes ramures...

***

A la nuit pleine, par les rues étroites de l'ancienne ville, nous étions arrivés sur les berges
du fleuve ; un souffle, presque froid dans l'obscure chaleur du soir, nous avait annoncé l'Elbe,
avant même que les glacis fugaces de l'eau, où
les lumières des maisons et des quais se brisaient
en zig-zags d'or liquide, eussent miroité fantas-
tiquement à nos regards. Personne que nous ;
un calme démesuré ; à peine une rumeur sous
les étoiles, un bourdonnement heureux, mais si
faible ! venant de l'autre rive, des jardins éclairés de Dresde, jardins-concerts d'où s'exhalait
un murmure vague de voix causantes et de ver-
res qu'on heurte ; nous y devinions quelque orchestre prêt à jouer — des pas redoublés sans
doute, ou des valses. Et voici que la rumeur
s'apaise, qu'une musique s'élève, issue d'un orchestre invisible pour nous, aux exécutants
mystérieux, à jamais anonymes. C'est l'embrassement de Wotan et de la Walkyrie. La plainte
désolée se répète, se fortifie de sa propre douleur : elle monte, elle monte sous les étoiles, en-
volée aux élancements éperdus des violons,
pâmée aux cris féminins des clarinettes, des
flûtes et des hautbois, étreinte aux mâles sanglots
des violoncelles, éployée à l'évocation magi-
que des cors, tragiquement glorifiée aux voix
retentissantes des cuivres. Il nous semble que
ces grandes tenues des trombones, dont le
crescendo toujours renouvelé soulève la sym-

.phonie entière jusqu'à de souverains vertiges, roulent vers nous sur les ténèbres scintillantes du fleuve, et que nous seuls, dans cette ombre, loin du banal lieu de plaisir d'où s'essore le miracle, en sommes les auditeurs et les élus. Tout théâtre ordinaire s'abolit en nos mémoires, toute réminiscence s'efface des réalisations indignes, des profanations toujours exercées : la scène vraie s'impose aux yeux de notre esprit, et nous avons l'impression que pour nous, en cette minute précise, dans l'infini nocturne, sous l'inaccessible splendeur des étoiles, l'Œuvre a vécu soudain, en son cadre réel, selon son intérieure vérité.

22 avril 1893. — L'ultime séance de la Société nationale aurait amplement mérité son titre proverbial de concert-dépotoir, n'eût été la *Symphonie sur un thème montagnard français,* substituée, par une heureuse manœuvre de la dernière heure, à une composition que j'ignore, mais qui est probablement beaucoup moins bien... Cette suite orographique est, c'est le cas de le dire, arrivée à pic ; elle a mis en faîte tout l'auditoire, qui a donné des cimes non équivoques de satisfaction, en voyant sortir la vérité musicale des puys ; après un tel succès, Vincent d'Indy peut se pousser du col. *(A suivre).*

En cette symphonie, l'une des meilleures œuvres du jeune légionnaire, et qui malgré son
titre, n'a rien de rocailleux, Mme Henry Jossic
s'est montrée fort remarquable (l'orchestre aussi)
surtout dans le prestigieux finale où le rythme
allègre formé des sept premières notes du Thème
montagnard, sautille au piano, en un dessin
continu, comme une petite folle.

Je donnerai une idée assez exacte des *Scènes
médiévales* de M. Boellmann, en disant que c'est
un peu ficelle et en même temps un peu coco,
avec un tournoi de Walkyries dans la seconde
partie. On applaudit ensuite l'aimable *Romance
pour violoncelle* de J. Durand, recalée jadis
comme trop « mélodique » (?) par Colonne, po-
lyphoniste imprévu ; une petite reprise, où
Delsart, qui engraisse, s'est fait soutenir par
les harpes, exquisement, ma chère, a décidé
M. Durand père à faire les frais de l'édition.

La jeunesse n'a qu'un temps, la *Gavotte* de
Paul Lacombe en a cinq. Grâce à ce luxe pen-
taculaire, elle a été reçue d'acclamation, sans
lecture, par ces messieurs du comité, — la gavotte de confiance, murmurait un ancien ministre, que la pudeur m'interdit de nommer. Elle
est gentille, du reste... Tout cela a été conduit
par Gabriel Marie, qui avait bien chaud. Mais
alors est arrivé Guy Ropartz à la barbe soyeuse,
qui a dirigé ses *Cinq pièces brèves* pour orchestre restreint ; le public, de compréhension non

moins restreinte, n'a pas fait à la plus charmante, *la Page d'Amour* (rien de Zola), le succès auquel elle a droit. Il a d'ailleurs applaudi le *Scherzo*. Moi aussi.

Je balaye vivement les feuilles mortes qui tourbillonnent dans la *Chanson d'Automne ; les Heures blanches et les Heures noires* du même compositeur *(Fiat Lutz !)* ont été inspirées par des vers de Jules Barbier sous lesquels le compositeur de *Cléopâtre* (une mauvaise *Nuit* est bientôt Massée) avait succombé déjà. M. Lutz figure les heures blanches par Mlle Blanc (naturellement) et par les sons harmoniques des violons ; les noires, c'est Mme Marie Masson et les cors bouchés. Le tout m'a paru en *la* majeur. Vous voyez que j'y étais.

Après exécution d'un solo de triangle intitulé *Orientale*, par M. Crevant (pardon, Meurant !), je dénombre, dans l'assistance, Lazzari, très en beauté, Debussy, damoiseau élu, Hüe, joyeux viveur, le sévère Dukas, le brillant Alphonse Benoît, les deux Della Sudda, toujours orientaux, Chansarel, au sourire toujours triste, Charles Malherbe, toujours documenté, Andrès, toujours altéré, Erlanger, qui n'attend pas après sa musique pour vivre, et tous les auteurs de tout ce qu'on a joué.

***

Malgré la température et ma connaissance

approfondie de la *Damnation de Faust*, j'ai été assister au Colonne d'hier. Vous dire qu'il dirige son Berlioz aussi bien qu'il y a dix ans serait une exagération que lui-même ne me pardonnerait pas. On a tout bissé, comme d'usage, sauf l'*Invocation à la Nature* (M. Mauguière se demande encore pourquoi). Entre l'exécution de la *Marche Hongroise* et le repiquage obligé de ladite, sur le coup de deux heures vingt-neuf minutes, la couronne annuelle fait son entrée. Elle a des rubans plus grands que ceux de mon bonnet, mais je ne la vois pas bien sur la tête du sympathique chef d'orchestre : Dailly lui-même pourrait aisément passer au travers. Applaudissements, saluts, larmes de joie.

Pour faire durer le plaisir, toutes les phrases finissent par un *rallentando* plus lourd que l'imagination de Joncières, surtout dans le duo Bailly-Prégi, qui menace un moment de ne pas finir, et qu'on bisse tout de même. Quant au *pianissimo*, en général, à force de s'atténuer, il s'évanouit, y en a plus, chacun tend l'oreille, n'entend rien, fait « ah ! » et en redemande.

Des gens : Saint-Auban, ce fidèle, Jean Rameau (tous les Jeanres sont bons, hormis le Jeanrameau), l'élégant Gorges Lecomte (sans mentir, si votre *Mirage* ressemble à votre plumage...), Saint-Pol-Noir-le-Magnifique, l'aimable Monde illustrant Boisard, puis Henri Rivière, le Rubé et le Puvis du Chat-Noir.

30 avril. — L'actualité aujourd'hui sort de la salle de la Société d'Encouragement... à Wagner, en l'espèce, bien que son titre officiel ne prévoie que l'industrie, ce qui semble la réserver aux productives musiques de Massenet (N. C.). Ce local, dont la sonorité vaut celle des vers de Hérédia, s'est rempli d'un auditoire aussi compact que *select*. Au dehors, la foule, étonnée d'un tel luxe d'équipages, croit d'abord à une invraisemblable conspiration monarchique, et s'amasse, houleuse, devant Saint-Germain-des-Prés. Mais bientôt cette erreur se dissipe, et le populaire ne songe plus qu'à frénétiquement applaudir les diverses beautés qui descendent de voiture pour, en des toilettes pharamineuses, entendre la *Walkyrie*, depuis le sar Péladan (1), triplement colleté de velours, jusqu'à la belle Madame X..., triplement décolletée.

Vous me défiez peut-être de citer des noms ? En v'là : l'excellent Fourcaud, qui buvait du lait ; Arthur Coquard, Charles Bordes, Georges Hüe ; Mme Montégu - Montibert, contralto transcendant ; Mme Helmann ; Pierre de Bréville ; Silvio Lazzari, juge indulgent qui aurait le droit d'être sévère ; Lascoux, juge sévère (au Palais) qui se montre indulgent ; Delzant, mécène intelligent, ce qui est rare ; Garcin, le

(1) Sous de longs cheveux bruns un nerveux profil à ligne busquée... un doux sourire et le geste véhément d'un révolté (*Trois femmes*).

papillonnant Maurice Davanne ; Mlle Moreno,
la plus charmante des porphyrogénètes ; Alfred
Bruneau ; la trinité wagnérienne des Bonnier
(Pierre, Charles et Jules), Kunkelmann le silen-
cieux, Georges Lecomte et son biographié Willy (le metteur en pages me prévient qu'en voilà
assez). Un seul mot encore : Danbé, Chevillard et le cher Patron, empêchés à la dernière
heure, ont envoyé des lettres trempées de
larmes.

Mais, direz-vous peut-être, pourquoi l'Opéra
s'est-il transporté ainsi rue de Rennes ? Ce
n'était pas, Mesdames et Messieurs, ce n'était
pas l'Opéra, c'était deux amateurs, éclairés naturellement (non, non, je me trompe, c'est
« éclairants » qu'il faut dire) qui, à leurs frais
(la seule fraîcheur qu'il y eût d'ailleurs dans la
salle), faisaient entendre des fragments de la
Walkyrie, interprétés par un orchestre réduit et
par trois autres amateurs — du nanan : Bagès
qui dégotte beaucoup de ténors à cinq louis la
note, Mlle Calvo, une Sieglinde-Brunehilde des
plus vaillantes, Damad, un Wotan redoutable,
et que nous retrouverons quelque jour, vous
verrez.

Le tripatouillage en question, pas trop mal
tourné ma foi, accueilli avec un plaisir presque
inquiétant par quelques belles passionnées de
l'auditoire, est dû aux sueurs combinées de deux
rats de la Bibliothèque Génovéfaine : Elie Poi-

rée, musicien qui fait moins de bruit que de besogne, et votre vieille connaissance, Ernst, l'homme-orchestre (il est, à l'heure où j'écris, en train de pondre un Copieux Salon pour la *Nouvelle Revue)*, que quelques professionnels ont pu trouver un peu touche-à-tout. Non content de cet extra imprévu (il ne fut, d'ailleurs, en cela, que le modeste complice de Poirée, compositeur au nom désaltérant), l'astucieux Alfred a encore perpétré une traduction, où, fou d'ambition, il s'est proposé d'établir une version fidèle, littérale souvent, allitérée parfois, colorée toujours, rimée jamais. Les applaudissements du public sembleraient indiquer qu'il y a réussi.

Une mention spéciale dans l'orchestre au pianiste épatant, Alphonse Benoît. Vous savez, même dans ces conditions un peu restreintes, cette sublime musique a produit un effet foudroyant ; j'ai cru voir de jolis yeux se mouiller quand le violoncelle a soupiré, au premier acte, la divine phrase d'amour, si douloureuse et si ardente, et quand la trompette, au commencement de la troisième scène du un, a lancé la fanfare de l'Epée, tout l'auditoire a éclaté en bravos.

A quand la seconde ?

P. S. — Il me reste à peine la place de vous annoncer que le brillant pianiste-compositeur

Sigismond-Stojowski vient de donner, salle Erard, un concert où il a joué, sans faiblir, les œuvres de tous les musiciens polonais, depuis Chopin jusqu'à Teodor de Wyzewa.

***

Si hostile que je puisse être, personnellement, à la théorie lénitive de l'injuste-milieu, j'ai grand peur que mon opinion ne satisfasse ni les ennemis de Gounod, ni ses admirateurs — si toutefois, ô mes frères, il en est parmi vous.

D'autres vous ont conté, s'autorisant de Larousse, les débuts de Gounod, les velléités ecclésiastiques du maître, la chronologie de ses opéras, l'exode en Angleterre et autres menus épisodes de sa vie. Je n'ajouterai rien à ces documents. Peut-être même y aurait-il lieu d'en retrancher quelques-uns; je ne vois pas en quoi la dernière lettre à Saint-Saëns : « Mon Camille », intéresse la mémoire de Gounod, d'autant que M. Massenet va sans doute sortir la sienne : « Mon Jules », continuant l'accolade déjà historique qui se produisit à la répétition générale du *Cid*.

Tout compte fait, Gounod valait mieux que le personnage bénisseur qu'il avait fini par adopter, et, sans hésitation, entre ses opéras et ses lettres, je choisis ses opéras...

Vous aimez, par exemple, les femmes qui ont le nez en l'air ; le bleu vous agrée, à moins que vous ne préfériez le rouge, et vos prédilections vont au perdreau truffé, tandis que celles du voisin s'attachent au cervelas à l'ail. Qu'y faire ? Il en est de même dans le domaine des arts : nous pouvons bien nous entendre sur le sens et le caractère des œuvres diverses, en préciser le haut et le bas, l'origine, la nature et l'influence, en nous inspirant de principes et de lois scientifiques (car, dussé-je être à jamais perdue dans votre indulgence, je crois à l'esthétique scientifique et ne crois même qu'à celle-là) : mais nos goûts sont instinctifs, personnels, et — si j'ose m'exprimer ainsi ! — issus d'idiosyncrasies variées. Ceci vous plaît, que je ne puis souffrir ; cela vous ennuie ? moi j'y prends un plaisir extrême. Si je ne devais vous parler de Gounod que d'après ma réceptivité individuelle, j'aurais vite fait de vous dire qu'il a aussi peu d'action sur moi qu'il vous est possible de l'imaginer, et nous en resterions là, pour votre satisfaction et la mienne. Mais je me suis engagée par serment à fournir un certain poids de copie, et l'imprimeur, que je comptais assouvir avec ces deux premiers paragraphes, m'avertit par télégramme que j'ai été trouvée trop légère.

*

Gounod fut, au premier chef, un musicien sentimental ; de là les qualités maîtresses de son œuvre et (ne m'en veuillez pas, je vous ai prévenus) de là aussi ses défauts.

Le sentiment — ou la sentimentalité (vous adopterez l'un ou l'autre vocable, selon votre opinion personnelle, que je tiens à ménager) — existait certainement avant Gounod dans la musique française ; il ou elle avait créé la romance, fourni à la moitié des opéras, et avait même engendré, en compagnie de la classique gaîté gauloise, ce genre éminemment national que la pudeur m'empêche de nommer plus clairement. Mais Gounod sut l'élever, ${le \atop la}$ colorer, en faire presque de la passion. Par ainsi, sa musique dut agir considérablement sur le public, l'émouvoir et le charmer, sans jamais lui imposer cependant les affres bienfaisantes de la passion vraie, ces émotions souveraines qui bouleversent l'âme et la fécondent. Même lorsqu'il est monté le plus haut, il n'a jamais perdu complètement le côté Dubuffe-fils de sa nature artistique (je ne sais si je me fais bien comprendre...). Cette abondance sentimentale, qui le rendit accessible à tous, et qui séduisit bien souvent les plus hostiles, assure à son œuvre une popularité, on pourrait dire en quelque manière une immortalité, très particulière, très réelle. Son art va au public, le sollicite et l'enlace — naïvement d'ailleurs, sans calcul vénal, et parce que sa nature est d'être tel — et, l'ayant charmé, il le retient longtemps. L'art des maîtres supérieurs est inexorable, absolu : il ne descend point, on monte vers lui ; on monte de l'humanité relative à son humanité vraie ; il marque le signe de sa loi sur les fronts, il en scelle le trésor dans les cœurs ; son charme est force, comme sa force est amour ; il prend l'être tout entier, sans réserve, à jamais.

Gounod était naturellement désigné pour traduire, en l'affaiblissant, le côté sentimental extérieur qui existe dans l'œuvre des grands poètes. Il devait sentir avec une rare intensité tout ce qu'il y a d'émotions tendres et mélancoliques dans l'histoire de Marguerite et de Faust, et, fatalement, en sa traduction musicale, amollir le dessin de toutes les figures, adoucir tous les accents, polir tous les angles du drame, envelopper ce drame de je ne sais quelle convention aimable, demi-rêveuse, demi-frivole, avec romances aux étoiles et vocalises aux bijoux. De même, pour *Roméo et Juliette*, il ne voudra ni ne pourra nous rendre la tragique convulsion passionnelle du drame shakespearien, ce souffle de passion enflammée, qui brûle les cœurs, incendie les existences, pourpre splendide et funèbre où l'amour se glorifie dans la mort. Mais il écrira le *Sommeil de Juliette*, cette page qui n'est, hélas ! qu'exquise... Et si nous prenons

Mireille, encore que nulle comparaison ne
s'impose entre Mistral et Shakespeare ou
Gœthe, la transposition est identique : vous
rappelez-vous l'apostrophe du vannier au père
de Mireille, la lutte entre Ourrias et Vincent,
et ce grand paysage sans cesse évoqué, la
Crau fulgurante de soleil, le ciel implacable vers
lequel meuglent les taureaux, et les « Trèves »
nocturnes, surgies aux remous livides du Rhône,
et la ligne bleue de la mer, avec la chapelle des
Saintes, perdue là-bas comme le terme où va
mourir le douloureux pèlerinage de l'amante ?
De tout cela nous avons, chez Gounod, le dimi-
nutif, l'atténuation, l'enjolivement. Et ce beau
dernier acte de *Sapho*, n'est-il point formé, en
somme, de quatre touchants épisodes lyriques
et sentimentaux, qui décorent l'action plus qu'ils
ne l'expriment ?

Un autre caractère de cet art, c'est l'absolue
inconscience esthétique. Il faut s'entendre ici,
et ne pas faire dire aux mots ce qu'ils ne doivent
exprimer. Pour d'autres artistes, c'est « manque
de conscience » que j'écrirais, mais rien de pa-
reil ne se présente chez Gounod, et c'est bien
« inconscience » le mot juste. Ce musicien
merveilleusement doué n'obéit qu'à l'inspiration
— en appelant inspiration toute idée qui lui
vient. De la même main, et sans doute avec la
même foi intérieure, il écrira, dans *Faust*, la
trop délicieuse scène du jardin et l'invraisem-

blable air des Bijoux, la belle phrase *Anges purs !* et cette platitude sans nom, *Faites-lui mes aveux,* des pages bien établies comme la mort de Valentin, et un *allegro* comme *A moi les plaisirs !* la jolie valse, toute la scène initiale de la kermesse, si fermement dessinée, si nettement menée, brillante de sonorités, pittoresque de mouvement, et le monstrueux chœur des soldats (1)... Dans *Roméo,* le duo de l'alouette vient tard pour réparer l'ignoble valse chantée du commencement. Nous pourrions multiplier ces exemples, mais à quoi bon ?

Au milieu des réflexions que nous venons de risquer, le lecteur aura vu que nous ne contestons à Gounod aucune des qualités, aucun des mérites qui lui assignent à bon droit une place si considérable dans l'histoire de la musique contemporaine. On pourrait dire qu'il y a eu deux tentatives de révolution musicale en France, pendant ce siècle-ci : l'une puissante et hautaine, matériellement vaincue, moralement victorieuse, et dont les erreurs même ont été utiles, celle de Berlioz ; l'autre, pratiquement triomphante, artistiquement d'ordre bien moins élevé, celle de Gounod ; et la correspondance

---

(1) Au moment où nous mettons sous presse, des révélations se manifestent, proférées par M. Carvalho : le chœur des soldats, issus d'un *Yvan le Terrible* (vive la Russie !) fut ajouté après coup, sur le conseil de M. Ingres. On croit rêver.

èst si vraie entre ces deux phénomènes que, hasard ou intention, Gounod s'est trouvé reprendre au théâtre, et jusqu'en ses mélodies séparées, maint sujet traité par Berlioz. Gounod, de qui le talent était naturellement souple et charmeur, sut procéder par évolution, par persuasion ; il n'a jamais livré de bataille, et ses innovations, souvent très heureuses, ne lui ont valu ni injures, ni haines durables, ni sacrifices de renommée ou d'argent.

**

Gounod a donné à l'opéra français, après la fin du romantisme, une formule de transition qui eut sa valeur, son rôle, et qu'on ne pourra jamais passer sous silence. Il a étendu l'intervention de l'orchestre, sans néanmoins faire de la symphonie l'océan passionnel dont les vagues soulèvent en pleine lumière la voix humaine ; il s'est servi, avec bonheur, du motif de réminiscence, sans jamais cependant admettre le *leitmotiv ;* à côté d'airs exactement conformes à la traditionnelle architecture, il a su adopter l'*arioso,* cette effusion mélodique plus libre dont tant d'autres ont usé et mésusé après lui. Son orchestration, d'habitude élégante et gracieuse, est plus riche, plus colorée, d'une trame plus adroitement serrée que celle de ses prédécesseurs. Il faut reconnaître que *Faust, Mireille* ou *Roméo* n'ont pas en France d'antécédents directs, et que par contre on ne peut dénombrer les partitions qui en procèdent plus ou moins ! Cette sensibilité de Gounod, déjà sensuelle et troublante maintes fois, nous la verrons s'exaspérer jusqu'à la lubricité la plus grossière dans le style de M. Massenet, tandis qu'au contraire la religiosité du maître (parfaitement sincère et noble d'ailleurs) ira s'atténuant et se vulgarisant dans les œuvres demi sacrées (?) du même compositeur. Puisque j'ai indiqué, en passant, les inspirations religieuses de Gounod, j'aimerais, si j'étais de loisir, à en faire l'étude et l'analyse, avouant mes préférences pour deux ou trois cantiques fort simples et pour la si brève et pure *Messe de Jeanne d'Arc*, sans partager pour des œuvres plus célèbres l'admiration de certains de mes confrères. D'un mot, la conviction catholique de Gounod n'aura pas produit des résultats adéquats à son ardeur ; les compositions religieuses du musicien se sont ressenties, me semble-t-il — hors quelques-unes — de sa tendance au sentiment perpétuel, et de ses succès au théâtre, et du milieu de dévotion mondaine, luxueuse, facile, mêlée de faiblesse et d'enthousiasme, où elles ont été écrites. La musique chrétienne et, j'ose le dire, catholique, de notre temps, a trouvé deux expressions supérieures, entre lesquelles aucune autre n'est assurée de survivre, le *Parsifal* de Wagner et les *Béatitudes* de César Franck.

Que si, à tous les mérites du compositeur qui vient de mourir nous voulons en ajouter un de capitale importance, ce sera tout uniment celui-ci, d'avoir bien correspondu à un état social, au goût et au sentiment d'un pays pendant une époque déterminée. Gounod a été le musicien du second Empire. Je prie simplement qu'on veuille bien ne voir là aucune appréciation de nature politique, mais l'indication de milieux, de pensées, d'évènements, d'émotions, de conditions sociales et artistiques qui ont trouvé en l'œuvre de Gounod leur expression la plus durable et, somme toute, la meilleure.

***

Une gravure du siècle dernier : des amateurs, des intimes du Maître, en un coin de cette facile et souriante Autriche, qui fut, durant quelques lustres, l'innocent paradis de la Musique. Réfléchis, ils écoutent le compositeur qui interprète, assis au clavecin, un prélude ou un air varié de son cru, ou peut-être une sonate de Philippe-Emmanuel Bach, une toccata de Haendel, une fugue de Jean-Sébastien. Et c'est, d'autres fois, l'exécution d'une œuvre toute fraîche éclose, par l'auteur et ses fidèles commensaux — l'attention laborieuse d'une première lecture, les archets promenés un peu lourdement sur les cordes, je ne sais quoi pourtant de noble et de religieux

que dégage ce petit groupe de gens modestes
et corrects, en jabots, perruques, souliers à
boucles, tâchant à comprendre et à traduire une
pensée d'art que d'avance ils savent digne de
leurs patients efforts. Et souvent une douce figure de femme, un peu curieuse, hasarde un
furtif regard dans le cénacle, par la porte entr'
ouverte, qui laisse deviner, en un jardin de printemps, la tonnelle enguirlandée de houblon, où
tinteront tout à l'heure les brocs de bière mous-
seuse.

A l'écart de la musique symphonique, aux
larges développements, aux paisibles étendues,
aux orages grandioses ; plus loin encore de l'o-
péra, du drame lyrique et de leurs fièvres — la
musique de chambre séduit les initiés. C'est le
propre de la Musique, l'art divin, d'aller plus
qu'aucun autre au profond de nos âmes, quels
que soient les moyens matériels dont il dispose.
Le prodigieux orchestre de Wagner s'emploie
tout entier — avec quels prestiges de douceur
et d'énergie ! — à nous parler cette langue mys-
térieuse du sentiment humain, la langue absolue du cœur, dans une abolition momentanée du
temps et de l'espace. Le Beethoven des Sym-
phonies déchaîne les puissances de l'expression
musicale ; il nous dilate, nous rend collectifs
pour ainsi dire, universels, et nous donne l'âme
de l'humanité, une humanité rajeunie, évoquée
par ses rythmes souverains. Or, ce même Bee-

thoven n'est pas moins grand, n'est pas moins haut, lorsqu'il fait appel à quatre seuls archets, en l'oubli volontaire de toutes autres voix, ou lorsqu'il prend le piano pour unique confident de sa pensée et de ses peines. Quelle est la page qu'on osera dire plus belle que le quatuor en *ut dièze* mineur ou celui en *la* mineur, — ou les dernières sonates ?

La musique de chambre a été maintes fois l'amie discrète et la consolatrice des maîtres — consolatrice de qui la parole possède les suprêmes éloquences. L'âme pure et passionnée de Mozart chante en ses trios, en ses quatuors, en ses radieuses sonates d'adolescence, blondes filles de son naïf génie, visions féminines aux yeux bleus, aux rires perlés, sensuellement jolies et pourtant toutes candides. Son imagination s'est-elle mieux donné carrière — même aux jours de *la Flûte* et de *Don Juan* — qu'en la *Sonata quasi fantasia* pour piano ? Il semble que la pensée des musiciens se fasse en de telles œuvres plus intime, plus absolument et profondément sincère, plus libre aussi : l'idée d'un public possible s'atténue, s'efface même ; l'auteur n'écrit plus, que pour lui-même, en un superbe oubli du monde extérieur.

...Le sort de deux empires se joue sous les murs de Vienne : après la boucherie d'Essling, voici qu'une tuerie nouvelle commence ; trois cent mille hommes se heurtent dans la plaine du Danube... C'est un duel d'héroïsmes, la résistance désespérée de l'armée autrichienne, la clameur d'assaut de l'armée française : c'est Macdonald reprenant son uniforme de jadis, son habit légendaire de général républicain, et entraînant les bataillons électrisés ; c'est Drouot, l'épée haute, enlevant au galop l'artillerie de la garde, alignant cent bouches à feu sous la tempête des boulets. La terre tremble au tonnerre des canonnades, et le peuple de Vienne, frémissant d'angoisse, regarde brûler au loin les villages de Deutsch-Wagram et de Gross-Enzersdorff. Beethoven n'a pas quitté la ville ; en sa petite maison près des remparts, il songe, il écrit l'immortelle sonate des Adieux.

Nous ne sommes plus sans doute au temps de Mozart et de Haydn, où un trio, une pièce de clavecin, un quatuor, une sonate, étaient les seuls évènements dont se préoccupât le musicien, tout à la paisible volupté de son art. Beethoven nous a soufflé des rêves trop hauts, trop chargés d'humaine douleur et d'espoir infini. Les « derniers quatuors » sont pour nous d'inquiétants chefs-d'œuvre, merveilles demi-comprises seulement, sinon dans leur structure musîcale, du moins en leurs significations poignantes et sublimes. Nous en ressentons l'inguérissable émotion, et lorsqu'un César Franck, après de si redoutables pages, peut encore, en son *Quintette*, gonfler notre cœur de tendresse, d'enthousiasme et d'extase, nous lui décernons justement la gloire réservée aux maîtres authentiques.

Et voici qu'un lent renouveau semble se produire, depuis vingt ans, dans la musique de chambre. Des œuvres de Saint-Saëns, de Lalo, — si longtemps, si cruellement méconnu — de Franck, ce pur génie, de Castillon, de Fauré, de Vincent d'Indy, sont venues, qui ont ressuscité le goût des absolues musiques, protesté victorieusement contre la prédominance malsaine du théâtre — de l'opéra, veux-je dire, avec toutes les ambitions basses, toutes les compromissions artistiques dont il est à la fois le prétexte, le moyen et le but. Naguère, c'était un très jeune, Lazzari, de qui l'on exécutait un intéressant octuor pour instruments à vent et une sonate pour piano et violon, excellente, de haut style, de noble caractère expressif, d'écriture sobre, ferme, nerveuse. Que si maintenant vous me demandez si pareille musique est de placement facile et fructueux, je vous répondrai, à l'instar de certain personnage de vaudeville, que je n'ai jamais essayé — mais que M.. Sonzogno, l'éditeur de *Cavalleria*, de l'*Amico Fritzo* et autres *Rantzau*, ouvre à son Mascagni un crédit de deux cent mille francs par an, à seule charge pour le jeune maëstro d'excréter une partition tous les douze mois. Comme disent de judicieuses affiches, goûtez et comparez !

INDEX

des

PERSONNES CITÉES

ANNONAY. — IMP. J. ROYER.

www.ingramcontent.com/pod-product-compliance
Lightning Source LLC
Chambersburg PA
CBHW050007100426
42739CB00011B/2539